父母缺乏的不是爱心而是家教方法　孩子缺乏的不

优等生是 这样学习的

吴 强 编著

成功家教直通车

天分、刻苦固然重要，
但优等生往往"优"在掌握了正确的学习方法。

煤炭工业出版社
·北 京·

图书在版编目（CIP）数据

优等生是这样学习的／吴强编著． －－北京：煤炭
工业出版社，2014（2017.4 重印）

（成功家教直通车）

ISBN 978－7－5020－4484－8

Ⅰ.①优… Ⅱ.①吴… Ⅲ.①家庭教育 Ⅳ.①G78

中国版本图书馆 CIP 数据核字（2014）第 063531 号

煤炭工业出版社　出版
（北京市朝阳区芍药居 35 号　100029）
网址：www.cciph.com.cn
北京一鑫印务有限公司　印刷
新华书店北京发行所　发行
＊
开本 720mm×1000mm$^1/_{16}$　印张 13$^1/_4$
字数 194 千字
2014 年 8 月第 1 版　2017 年 4 月第 2 次印刷
社内编号 7316　定价 26.00 元

前　言

　　一年有365天，一天有24小时，一小时有60分钟，一分钟有60秒。24小时能做些什么？是吃饭、看电影、玩游戏、睡觉、逛街，还是好好学习？对于学习，不同的人有不同的学习方法；有的只有在安静的自习室里才能取得较好的效果；有的习惯在吵闹的课间休息时间思考问题；有的在吃饱喝足后才能静下心学习；有的却喜欢在夜深人静的灯光下独享学习的快乐……所以，就算是再好的学习方法，如果不适合自己，就没有必要继续执着于此，因为这样只能事倍功半。

　　学习中常见的问题有：记不住东西怎么办，做题老出错怎么办，考试时紧张怎么办，考试前必须做些什么准备，为什么对学习没有兴趣……通过这些问题，可以明显感受到学生的紧张和困惑。当然，多数问题最终都会归结到一个答案上：学习成绩是否提高。那么，到底是什么决定着孩子成绩的好坏呢？按照常规的思维，只要是孩子学习出了问题，我们能做的就是督促孩子更加刻苦努力、更加持之以恒。但是，很多学生成绩不好，并不是因为不聪明、不努力、不上进，而是因为没有正确对待"学习"的态度，没有找到适合自己的学习方法。

　　在学习上，虽然没有什么捷径可言，但是学习是必须讲究方法的，成绩优秀的"优等生"，大多数就是掌握了适合自己的学习方法。编写这本书，就是为情况不同的学生提供学习方法。通过对这本书的学习，你可以一天浏览3本书，而且还能够清楚地记得自己看到的内容；你可以获得一种学习任何事物的有效方法；你可以轻轻松松在30分钟内记住80个重点词，并且顺序不乱、倒背如流；你可以获得既快速又简单的适合自己的方法，以应对学习、生活中面临的各种挑战。这本书告诉大家：每个孩子都有获得好成绩的机会，智商只是其中一个因素，而关键在于通过优化学习心理、学习方法和学习过程，掌握获得好成绩的"金钥匙"，从而轻松地成为"优等生"。

人的天分不是最重要的，关键是要找对方法，这本书告诉大家只要认真看书学习，多思考，就可以不断进步；而不爱读书、思考，即使天分再高也只能在原地踏步，永不前进。以学为先，学习是正事，理应先于娱乐，一心向学，心无旁骛，全力以赴。让我们热爱读书，认真读书，轻松读书吧！

目 录

第一章　三种"学习"境界 / 001

　　一、第一层为苦学 / 002

　　二、第二层为好学 / 008

　　三、第三层为会学 / 015

第二章　三种"学习"习惯 / 025

　　一、养成良好的预习习惯 / 026

　　二、养成追根溯源的习惯 / 029

　　三、养成善于联想的思维习惯 / 033

第三章　三个"学习"要点 / 049

　　一、多读书，夯实基础 / 050

　　二、多思考，注重理解 / 052

　　三、多重复，温故知新 / 061

第四章　三种"学习"精神 / 081

　　一、不唯书 / 082

　　二、不唯师 / 092

　　三、不唯一 / 097

第五章 解说"记忆"的回归 / 105

一、还可以记忆多久? / 106

二、"记忆"的保存期限 / 109

三、效果不错的记忆方法 / 118

四、图像、联想、连锁记忆 / 122

五、其他有趣的记忆方法 / 142

第六章 影响"学习"的因素 / 153

一、养成良好的习惯 / 154

二、作息生物钟 / 157

三、调控学习情绪 / 159

四、树立自信心 / 162

五、保持积极的心态 / 165

第七章 优化"解题"的方法 / 169

一、认真仔细做题 / 170

二、掌握解题方法 / 172

三、重视解题过程 / 178

四、总结经验教训 / 180

第八章 轻松"考试"的秘诀 / 183

一、放松心情 / 184

二、调整心态 / 187

三、沉着冷静 / 192

四、合理分配时间 / 197

五、试卷整洁很重要 / 200

六、化被动为主动 / 202

第一章
三种 "学习" 境界

一、第一层为苦学
二、第二层为好学
三、第三层为会学

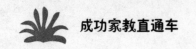

一、第一层为苦学

一提起"苦学"，我们就会想到"头悬梁、锥刺股"的故事。到底需不需要"苦学"呢？巴金在《沉落》中有这样一段话："苦学能够战胜一切，学问的宫殿不分贫富都可以进去。"

（一）童第周苦学成才

童第周是我国著名的生物学家，也是国际知名的科学家。他从事实验胚胎学研究近半个世纪，是我国实验胚胎学的主要奠基人。

童第周出生在浙江省鄞县一个偏僻的小山村里。由于家境贫困，小时候一直跟父亲学习文化知识，直到17岁才迈入学校的大门。小时候的童第周好奇心十分强烈，看到不懂的问题往往要向父亲问为什么。父亲每次都不厌其烦地耐心给他讲解。一天，童第周看到屋檐下的石阶上整整齐齐地排列着一行小坑坑，他觉得十分奇怪，琢磨半天也弄不明白是怎么回事，便去问父亲："父亲，那屋檐下石板上的小坑是谁敲出来的？是做什么用的呀？"父亲看到儿子这么好奇，高兴地说："这不是人凿的，这是檐头水滴敲出来的。"小童第周更奇怪了，水还能把坚硬的石头敲出坑？父亲耐心地解释说："一滴水当然敲不出坑，但是天长日久，点点滴滴不断地敲，不但能敲出坑，还能敲出一个洞呢！古人不是常说'滴水穿石'嘛，就是这个道理！"

父亲的一席话在小童第周的心里激起了一阵阵涟漪，他坐在屋檐下的石阶上望着父亲，似懂非懂地点了点头。由于农活比较多，童第周开始对学习有些失去兴趣，不想读书了。父亲耐心地开导童第周说："你还记得'滴水穿石'的故事吗？

小小的檐水只要常年坚持不懈，能把坚硬的石头敲穿。难道一个人的恒心还不如檐水吗？学知识也要靠一点一滴积累，坚持不懈才能获得成功。"

为了更好地鼓励童第周，父亲书写了"滴水穿石"四个大字赠给他，并充满期望地说："你要把它作为座右铭，永生不忘。"读中学时，由于他基础差，学习十分吃力，第一学期末平均成绩才 45 分。学校勒令其退学或留级。在他的再三恳求下，校方才同意他跟班试读一学期。此后，他就与"路灯"常相伴：天蒙蒙亮，他在路灯下读外语；夜里熄灯后，他在路灯下自修复习。功夫不负有心人，再一个期末他的平均成绩达到 70 多分，几何还得了 100 分。这件事让他悟出了这样一个道理：别人能办到的事，我经过努力也能办到，世上没有天才，天才是用勤劳换来的。之后，这也就成了他的座右铭。

大学毕业后他去比利时留学。在国外学习期间，童第周刻苦钻研，勤奋好学，得到了老师的好评。获博士学位后，他回到了灾难深重的祖国，在极为困难的条件下进行科学研究工作。没有电灯，他们就在阴暗的院子里，利用天然光在显微镜下从事切割和分离受精卵的工作；没有培养胚胎的玻璃器皿，就用粗陶瓷酒杯代替，所用的显微解剖器只是一根自己拉的极细的玻璃丝；实验用的材料蛙卵都是自己从野外采来的。就在这简陋的"实验室"里，童第周和他的同事们完成了若干篇有关金鱼卵子发育能力和蛙胚纤毛运动机理分析的论文。

解放以后，童第周担任山东大学副校长的同时，研究了在生物进化中占重要地位的文昌鱼卵发育规律，取得了很大成绩。到了晚年，他和美国坦普恩大学牛满江教授合作，研究起细胞核和细胞质的相互关系，他们从鲫鱼的卵子细胞质内提取一种核酸，注射到金鱼的受精卵中，结果出现了一种既有金鱼性状又有鲫鱼性状的子代，这种金鱼的尾鳍由双尾变成了单尾。这种创造性的成绩居于世界先进行列。

（二）哥德巴赫猜想第一人

1966 年，屈居于 6 平方米小屋的陈景润，借一盏昏暗的煤油灯，伏在床板上，用一支笔，耗去了几麻袋的草稿纸，居然攻克了世界著名数学难题"哥德巴赫猜想"中的 (1+2)，创造了距摘取这颗数论皇冠上的明珠 (1+ 1) 只是一步之遥的辉煌。他证明了"每个大偶数都是一个素数及一个不超过两个素数的乘积之和"，使他在哥德巴赫猜想的研究上居世界领先地位。这一结果被誉为"陈氏定理"，受到各国专业人士的广泛征引。这项工作还使他与王元、潘承洞在 1978 年共同获得中国自然科学奖一等奖。他研究哥德巴赫猜想和其他数论问题的成就，至今仍然在世界上遥遥领先。世界级的数学大师、美国学者阿·威尔 (A·Weil) 曾这样称赞他："陈景润的每一项工作，都好像是在喜马拉雅山山巅上行走。"陈景润于 1978 年和 1982 年两次收到国际数学家大会请他做 45 分钟报告的邀请。这是中国人的自豪和骄傲。他所取得的成绩，他所赢得的殊荣，为千千万万的知识分子树起了一面不倒的旗帜，辉映三山五岳，召唤着亿万的青少年奋发向前。

陈景润在学校当图书馆资料员的时候，除了整理图书资料外，还担负着为数学系学生批改作业的工作，尽管时间紧张、工作繁忙，但他仍然坚持不懈地钻研数学科学。陈景润对数学论有浓厚的兴趣，利用一切可以利用的时间系统地阅读我国著名数学家华罗庚有关数学的专著。陈景润为了能直接阅读外国资料，掌握最新信息，在继续学习英语的同时，又攻读了俄语、德语、法语、日语、意大利语和西班牙语等语言。学习这些国家语言对一个数学家来说已是一个惊人突破了，但对陈景润来说只是万里长征迈出的第一步。 为了使自己梦想成真，陈景润不管是酷暑还是严冬，食不甘味，夜不能眠。

经过十多年的推算，在 1965 年 5 月，陈景润发表了《大偶数表示一个素数及一个不超过 2 个素数的乘积之和》的论文。这篇论文受到世界数学界和著名数学家的高度重视和称赞。英国数学家哈伯斯坦和德国数学家黎希特把陈景润的论文写进数学书中，称为"陈氏定理"，陈景润终于攻克了"哥德巴赫猜想"这一世界数学之谜，这一世界数学"悬案"终于被陈景润所破译，皇后王冠上的明珠终于被陈景润所摘取。可是这个世界数学领域的精英，在日常生活中却不知商品分类，有的商品名字都叫不出来，被称为"痴人"和"怪人"。

（三）天道酬勤，勤奋是成功的阶梯

勤劳、勤奋本来就是学生最应该遵循的。但近几年，面对浮躁、喧嚣的社会，个别人急功近利，宣传一些违背基本规律的所谓"学习窍门"、"得高分诀窍"，什么"老实勤奋型的没有大出息"，什么"边吃喝玩乐，边学习看书是现代学生的标志"，什么"勤奋型的人落伍了"等。

个别记者、写文章的人，在报道大学生的事迹、报道某省状元时，也常把着眼点放在宣传他们的聪明上，把他们说得神乎其神，有的小报甚至还把"少读书，少学习，多唱，多跳，多玩"吹成学习经验。

从古到今的许多思想家、科学家、艺术家、作家，大凡有成就的人都是勤劳的人。任何一位对人类进步有贡献的人，都认为勤劳是做人的根本，比如监狱里的犯人，绝大部分都曾经是妄想不劳而获的人。追寻他们犯罪的思想根源大都不承认勤劳是做人的根本，而要靠别的方式去获取名利地位，以致走上犯罪的道路。

科技大学少年班的学生够聪明了吧，但个别的还荒废了学业，原因就是原来勤奋后来不勤奋了。绝大部分科大少年班的学生取得了出色的成绩，他们和老师总结成功经验时都觉得，最重要的一条就是他们付出了比一般少年更多的努力和心血。

科技大学第七期少年班学生陈冰青，因为特别土气，在校时有个绰号，叫"老饼"。进校时，"老饼"的入学成绩就像他土气的绰号一样不起眼。然而，"老饼"在少年班三年的主课平均成绩高达 94 分。他获得科大最高荣誉奖——郭沫若奖学金，并提前两年参加中美联合招收赴美物理学研究生考试，以全国第二名的佳绩被美国第一流的普林斯顿大学录取。

"老饼"的诀窍是勤奋。他每天背着一个鼓鼓囊囊的书包，生活在校园的"三点一线"上。一次，他因英语摸底考试不理想，就自制许多词汇卡，挂在床边。每晚的美国 VOA 教英语节目一到，他就抱着收音机到校园的草坪上收听，即使是阴冷难耐的冬日也一如既往。最终，"老饼"成了少年班里公认的"英语活字典"。

在科技大学做教授的冯珑珑，是第三期少年班毕业生，大学 3 年就学完 5 年的课程，并以优异成绩考取天体物理学博士。他说起自己的成长过程，一再强调刻苦的重要性，脑子灵也得勤奋。

伟人的成功更是来源于勤奋：

司马迁写《史记》花了 15 年。

司马光写《资治通鉴》花了 19 年。

达尔文写《物种起源》花了 20 年。

李时珍写《本草纲目》花了 27 年。

哥白尼写《论天体的运动》花了 37 年。

马克思写《资本论》花了 40 年。

歌德写《浮士德》花了 60 年。

牛顿在剑桥大学 30 年里，常常每天坚持工作十六七个小时之久。富兰克林说："礼拜日是我的读书日。"达尔文说："我相信，我没有偷过半小时的懒。"

华罗庚说："我不否认人有天资的差别，但是根本的问题是勤奋的问题。我小时候念书时，家里人说我笨，老师也说我没有学数学的特别才能。这对我来说，不是坏事，反而是好事。我知道自己不行，就更加努力。我经常反问自己：我努力得够不够？"

托尔斯泰说："天才的十分之一是灵感，十分之九是血汗。"

爱迪生说："有些人以为我所以在许多事情上有成就，是因为我有什么'天才'，这是不正确的。无论哪个头脑清楚的人，都能像我一样有成就，如果他肯拼命钻研。""天才，就是百分之一的灵感加上百分之九十九的血汗。"

现代中学生要取得好成绩，必须坚定不移地相信：勤劳是做人的根本，是做学生的根本。

（四）持之以恒，水滴石穿

有的中学生临考前 3 天，突击复习，又是写，又是算，又是记，又是背，夜以继日，废寝忘食。考过之后，成绩公布，平均分远远赶不上复习不慌不忙、临考前饮食起居还照常的同学。

细一分析，前者学法是一曝十寒，平时不努力，临考才着急，当然见效慢。后者重在平时做事认真，说了算，定了干，持之以恒。这样水滴石穿，绳锯木断，功到自然成，临考不突击也有好成绩。

牛顿说过："一个人如果做事没有恒心，他是任何事也做不成功的。"

爱因斯坦说："智慧并不产生于学历，而是来自于对知识终生不懈的追求。"

英国科学家道尔顿，为了研究气象，从年轻时起，每天晚上9点半钟记录当天的天气情况，夜夜如此，从不间断，坚持了57年。在他病逝的前几个小时，还进行了最后一次观测，用颤抖的手记下："今晚微雨。"

我国近代地理学的奠基人竺可桢，为了研究中国气象，从1936年到他病逝的近40年时间里，他天天写关于中国气候的日记，达千万字之多，无论遇到什么困难，从无一天间歇。

爱迪生发明电灯，为了找一种合适的灯丝，前后实验了1600多种材料，经过5万次实验，最后选择钨做的灯丝，终于制成电灯。

人贵有志，学贵有恒。

要学会持之以恒，就要目标始终如一，不能见异思迁，这就如同打井，如果水源是在地面10米以下，你挖了七八米，还不见水，就心浮气躁，换一个地方再挖；又挖了六七米还不见水，就又换个地方挖；不见水，又换地方挖。换来换去，都是还差两三米就成功了。所谓为山九仞，功亏一篑，意思是说，本想堆成一座高山，由于只差一筐土没有完成。见异思迁的打井者，不断改换目标，力气也用了不少，每次都是在接近成功时，因改换目标而前功尽弃。现代社会的中学生尤其要目标始终如一，因为我们这个社会机遇多，诱惑也多，面对各种各样的诱惑，不成熟的中学生很容易放弃自己最初的目标，而去追逐一些所谓的时尚。

要持之以恒就要有耐心，要耐得住胜利前的寂寞，经受得住胜利前的失败。

还说挖井这个例子，10米以下有水，10米之前一点点地挖下去，没有清水，没有胜利的欢愉，只有追求的寂寞与艰辛。爱迪生发明灯泡，搞了5万次试验，前4万多次都是失败，都是挫折，没有鲜花和掌声，只有寂寞和冷淡，如果他因此而放弃，那就会前功尽弃。我们现代中学生面临的现代社会，相当多的人急功近利，心浮气躁。如果不磨炼自己的耐心，耐不住寂寞，经受不住失败的考验，很容易也成为急功近利、心浮气躁的人。

向成功者学习，耐得住寂寞，持之以恒，朝着一个方向努力吧！

二、第二层为好学

所谓"知之者不如好之者"，达到这种境界的同学，学习兴趣对学习起到重大的推动作用。对学习的如饥似渴，常常达到废寝忘食的地步。他们的学习不需要别人的逼迫，自觉的态度常使他们能取得好的成绩，而好的成绩又使他们对学习产生更浓厚的兴趣，形成学习中的良性循环。

（一）有兴趣就有自我期待

达尔文在自传中写道："就我在学校时期的性格来说，其中对我后来发生影响的，就是我有强烈而多样的兴趣。沉溺于自己感兴趣的东西，深入了解任何复杂的问题。"

许多科学家、优秀的学生，谈到自己成功的原因时，都一再强调自己对学习有浓厚的兴趣。兴趣是学习成功的最好老师。

为什么指南针永远指着南北极？这个现象使童年的爱因斯坦大惑不解，也使他兴趣盎然，从此对科学着迷。罗曼·罗兰自幼酷爱写作，16岁时曾发誓："不创作，毋宁死！"后来成为一代文豪。亨德尔5岁即对音乐发生兴趣，却遭到父亲的反对，强烈的兴趣驱使他夜晚趁家人睡觉时去屋顶练琴。

著名女作家冰心，四五岁的时候，母亲教会了她识字，她便对读书产生了浓厚的兴趣。小冰心读书到了入迷的程度。有一次，她在澡房里偷着看书，时间太久，洗澡水都凉透了，气得她母亲把书抢过去，撕破，扔在地上。小冰心竟趔趄地走过去，拾起被撕残的书又看起来，生气的母亲只好笑了。小冰心看书成癖，哪怕是一张纸，只要上面有字，也要看看。

孔子曾说："知之者不如好之者，好之者不如乐之者。"

爱因斯坦说："兴趣是最好的老师。"

日本教育家木村久一说："天才就是强烈的兴趣和顽强的入迷。"他还说："制造庸人的方法是极为简单的，那就是不让孩子热衷于某一事物，只这一点就够了，对任何事情都不着迷，都不感兴趣，这就是庸人的特征。"

兴趣是能量的调节者，它的加入便发动了储在内心的力量。据研究，如果一个学生对学习有兴趣，积极性高，就能发挥其全部才能的 80%～90%；反之，他的才能只能发挥 20%～30%。法国著名昆虫学家法布尔说："兴趣能把精力集中到一点，其力量好比炸药，立即把障碍物炸得干干净净。"

兴趣不明确的同学要开发兴趣，培养兴趣。根据心理学的研究，人的心理自我期待的力量是无穷的，为一种兴趣去努力，日后你有可能是这方面的专家，至少术业有专攻，可以丰富你的才能，提高生活质量。

（二）在学习中寻找快乐

希腊哲学家苏格拉底说："人类最大的乐趣莫过于学习。"

学习优异的学生，大多都享受到了学习的乐趣，大多都把学习当成享受。科学家、思想家都具有把学习、劳动、科研当成享受的品质。中学生也应把学习当成一种享受，感受学习的快乐。

爱学习的同学经常会发出这样的感叹：时间过得好快，还没察觉呢，一个假期就这么从指缝间一溜而过了。

小莉的妈妈上班前给小莉布置了作业，还规定了时间，上午先做半个小时的寒假作业，休息一会儿，再弹半个小时的电子琴，然后就是玩的时间了，吃过午饭先睡个午觉，起来再学半个小时的儿歌，休息一会儿再做半个小时的手工，然后就可以自由支配时间，一直到妈妈下班回来。

妈妈前脚刚走，小莉就赶紧开始做作业了，今天的作业是学儿歌，可小莉不认识字呀，妈妈又不在身边，可把她急坏了，不过她想："没关系，家里不是还有奶奶吗，把奶奶叫来教我就可以了。"奶奶先教了小莉两个谜语，第一个是：弯背老公公，胡子翘松松，杀它不见血，烧它红通通。第二个是：说它是牛头，不会拉犁头，说它力气小，背着屋子跑。

这两个谜语小莉可学了好长时间才记住的，晚上等妈妈下班，她要说给妈妈听，让妈妈猜猜这是什么，她现在可是知道了，谜底就是"虾"和"蜗牛"。不过现在可不能告诉妈妈，也要让她猜猜，看看她知道不知道。

接下来学了一个儿歌是"小燕子"。晚上回来也要说给妈妈听，让她看看小莉今天可学了不少呢，可是你们知道吗？这可花了她不少时间呢！就这些，一个上午就过去了。哎，爱表现可得花工夫的，还半小时呢，可不止几个半小时了，不过她才不会让妈妈知道呢。

吃完了午饭，小莉好想出去玩一会，可奶奶不许，因为妈妈交代过呀，必需睡午觉，奶奶拿个棍子呢，爷爷和小莉两个人必需睡，否则奶奶就要用棍子打，没办法，她只好先假装睡，等没有动静了，再悄悄的睁开眼睛偷看，可是一睁开眼，奶奶居然还站在那没走呢，小莉赶紧再闭上眼睛，还是奶奶厉害，她就这样还不知道为什么呢，居然就这样迷迷糊糊地睡着了。

醒来之后，就做小莉最喜欢的手工，今天做了一个小时钟，就是用纸杯做，在杯底写上1~12的数字，然后用硬纸板剪两个针头，一个长点做分针，一个短点做时针，做完了用大头针穿上插入纸杯的底部，再把纸杯口修剪成齿轮状，然后再把纸杯均匀分布剪开就行了，告诉你们哦，这可是小莉在少儿节目中自己学会的哟，她妈妈还不知道呢，等她妈妈回来小莉要给她个惊喜。这个小时钟可好看了，像个小太阳似的（嘻嘻，关键是纸杯上的图案也美，所以做出来的时钟当然好看了），朋友们，你们也做个试试，真的好好玩哟。同时还可以学习如何识钟点呢，现在整点及几点半小莉都已经学会了哎。不过可让奶奶教了好长时间呢。

剩下来的时间可都是小莉的了，她到小奶奶家去找伟玉哥哥玩了，嗯，还有姑爷爷家的琳琳妹妹，他们捉迷藏，玩泡泡，拍皮球，玩得可开心了。他们还玩了走单杠，就是在窄窄的一根柱子上跑哎，小莉可没有摔下来，看，她是不是很勇敢呢。她一直玩到妈妈下班回来才回去学弹琴的呢，伟玉哥哥和琳琳妹妹看着小莉弹，羡慕得不得了，看来妈妈让她学弹琴这个主意不错，让她又有一个可以表现的机会，她的努力可没有白费，现在就是她表演的好机会了。小莉妈妈说开学后再去帮她报个舞蹈班，既可以锻炼身体又可以塑造形体美，这个小莉喜欢，她早在学画画的时候就看中了，那些小朋友跳起来可好看了，她也要学，让她们也看看她的舞姿，她也要上电视台去表演，让全国的小朋友们都认识自己！

（三）学习的兴趣在于情绪高昂

前苏联学者西·索洛维契克曾对3000多名懒于学习的学生进行过"满怀兴趣地学习"的实验，取得了良好的效果。

他的实验要求是：

第一，学习前做好充分准备，对自己一再说："我喜欢你——植物学（原来最不感兴趣的学科），我将高兴地去学习！"

第二，一定要努力去学习，要比平时更细心一些，要花更多的时间。因为，细心就是热爱学习的主要源泉。

实验进行几周后，陆续收到参加实验的学生充满兴奋情绪的报喜信。绝大多数学生实验成功了，开始对原来最头痛的课程产生兴趣了。

其中一位学生说："每次我开始学习俄语语法时，我就不断地打呵欠。我非常想打呵欠，可我紧闭住嘴。在开始准备语法课前，我故意让自己表现出高兴的心情，就像在预习历史课时那样（历史是我最喜欢的课程），我跳呀，唱啊！我想象着一定会像历史那样有趣。这样持续了 12 天。您知道，现在这种自我寻找乐趣的方法已经成了我的习惯。俄语课也真的使我觉得是一门有趣的课程了！"

西·索洛维契克指出："实验本身表明，满怀兴趣地学习收到了成效，并且要继续下去。成功给人以鼓舞，给人以力量，给人以兴趣。""直到正常的学习变成习惯，实验也不再是实验了，它已成为一种常规。"

这种学习方法，其实就是要让自己做情绪的主人。

获得兴趣的重要原因在于情绪。面对同一事物，不同情绪的人有不同的感受。同样面对明媚的春光，情绪高昂的人会为之欢欣鼓舞，奋发上进；情绪消沉的人则会为缤纷的落花而伤感，为纷飞的柳絮而惆怅。同样面临一座高山，情绪高昂的人会为自己战胜重重困难，攀上顶峰而兴奋激动；情绪低落的人则会对在荆棘丛生的羊肠小道上跋涉感到苦不堪言，而最终望"峰"却步。

要善于控制自己的不良情绪，就从身边事、手头事、脚下事开始，从写一个字记一个词，算一道题，理解一个公式开始。硬是要施加一个快乐的意念，硬是不让低落的情绪干扰自己。快乐的意念施加久了，就会成为习惯，成为一种在困难面前也满怀兴趣地去思考、去实践的习惯。

（四）看哪些幼苗能长成大树

中小学生兴趣广泛，心灵的田野里长满各种各样兴趣的幼苗。

幼苗多了，你不让我，我不让你，争营养，争水分，争时间，结果谁也长不好。随着年龄的增长，中学生应理智地分析一下自己这些兴趣的幼苗，哪些是有益的，哪些是有害的，哪些是没希望长大的，哪些根本没有培养前途，然后忍痛割爱，像菜地里间苗一样，锄掉那些没希望长大的幼苗。

要间苗，又要护苗。没希望的兴趣之苗间掉，有希望的兴趣之苗要细心呵护。

英国大数学家麦克斯韦童年时，父亲有心将他培养成画家。一次，父亲让他画静物写生，对象是插满金菊的花瓶。麦克斯韦画完，父亲一看笑了，原来满纸画的都是几何图形，花瓶是梯形，菊花是大大小小的一簇簇圆圈，那些大小不一的三角形大概是表示叶子的。

从此父亲发现了麦克斯韦的数学天赋，于是因势利导，培养他学习数学，使他一步步走入神圣的数学殿堂，并最终成为一位伟大的数学家。如果麦克斯韦的父亲一味培养孩子没前途的美术兴趣之苗，美术界也许会多一个三流画家，而数学领域却少了一位卓越的数学家。

列夫·托尔斯泰生长在一个贵族家庭里，父母都爱好文艺，家里有很多文艺藏书。在这种家庭环境的熏陶下，列夫·托尔斯泰爱上了读书。有一天，他放开喉咙，高声朗读普希金的《致大海》，他父亲听了，点点头，脸上露出了赞许的微笑，这个愉快幸福的印象留在他的心坎上，直到晚年还没有消失。父亲及时发现了托尔斯泰文学兴趣的幼苗，及时地给予呵护。托尔斯泰自己也又不断地回忆这微笑、这呵护，于是兴趣的幼苗越长越大。这个愉快幸福的微笑，直到晚年还没有消失，还在扶植着托尔斯泰心田上那棵参天大树。可以这么说，列夫·托尔斯泰之所以能成为一个享有世界声誉的伟大作家，有他父亲点头微笑的一分功劳。

（五）不快乐多因自寻烦恼

生活中原本有快乐，你善于寻找，善于站在快乐一方，坚守住快乐的心理阵地，不让忧虑打进来，你便是快乐的人。

反过来，你总在生活中寻找忧虑的陷阱，并且习惯钻进去，习惯坚守住忧虑的陷阱，不肯钻出来，你当然就是一个性格忧虑的人。

要坚守快乐的阵地，应先了解一些人不快乐的原因。

比尔·利特尔在出任心理治疗专家的 14 年中，为无数精神抑郁、不愉快的人提供咨询服务，他把这些人不快乐的原因归纳为下面几点：

①滚雪球似的扩大事态。这些人不是在问题一出现就正视、处理它，而是一拖再拖，让它们像滚雪球一样，不断扩大。

②代人受过。习惯把别人的过错揽到自己身上，自怨自艾。比如，这种人看

到某人不喜欢自己，就把责任归于自己，确认"这都是由我造成的"，导致忧郁成疾。

③盯着消极面。这类人老是把注意力放在消极面上，牢记自己多少次受到不公正的待遇；对自己也是如此，有时看到自己的优点而情绪愉快时，又马上记起一个弱点，使快乐被抵消。

④以殉难者自居。这种人不能快乐的最大障碍是他们总能找机会把自己比做殉难者。像有的母亲过度地承担家务劳动后，对自己说："没有一个人真正心疼我，对我们家来说，我不过是一个仆人而已。"有的父亲则采取同样的方法自言自语："我的骨架都累散了，谁也不把我当回事，大家都在利用我。"这样做的结果不仅给自己制造了恶劣情绪，而且使周围的人感到讨厌，这又加剧了"殉难者"的不愉快感觉。

从这几种情形来看，很多人不快乐的原因就在于自寻烦恼，而我们是有能力克服这些弱点，支配自己生活的，正像比尔·利特尔说的："在生活中，你不会永远有特权做你高兴的事，但是你有权利从你的所作所为中得到更多的乐趣。"

针对滚雪球似的扩大事态，你可以立即找一件快乐的事情让自己想，感觉人生有顺利的事也有不顺利的事，站在顺利的角度看不顺利的事出现就觉得理所当然，没有必要为此而不快。

"代人受过"时，快想一想是谁之过，倘因自己坚持原则别人不喜欢，那就让那个人进"忧虑陷阱"。我们该坚守自己快乐的阵地，并且还要插上一面"自豪"的旗帜。

"盯着消极面"的人快从阴影里走出来，要知道，万事万物，有一利，便有一弊，手心翻过来必是手背，走出阴影，便是阳光。多在阳光下看自己，便能找到"快乐"的阵地。

"以殉难者自居"的人，改换一下位置，以主人自居，以责任者自居，就会感到自己为别人、为子女、为下属做事是一种责任，一种机遇，一种快乐，一种幸福。

三、第三层为会学

学习本身也是一门学问，有科学的方法，有需要遵循的规律。按照正确的方法学习，学习效率就高，学得轻松，思维也变得灵活流畅，能够很好地驾驭知识，真正成为知识的主人。

我们应当明确，学习的一个重要目标就是要学会学习，这也是现代社会发展的要求，21世纪的文盲将是那些不会学习的人。所以，在学习中应追求更高的学习境界，使学习成为一件愉快的事，在轻轻松松中学好各门功课。

（一）从喜欢的科目开始学习

有的同学学习兴趣很浓，各科成绩都很好，学哪一科都兴趣盎然，对他们来说先学哪一科都无所谓。

但对于学习兴趣与玩儿的兴趣不相上下的学生来说，要激发学习兴趣去战胜玩儿的兴趣，就不容易。他们在课堂上还可以，就是自习课和回到家里写作业时管不住自己。

引导他们上自习的时候，先挑自己喜欢的学科学，这样容易将兴趣中心由玩的一方向学的一方转移，静下心来，进入学习状态。一旦学起来，兴趣越来越浓，再学不太喜欢的学科也容易接受。

倘若自习和在家学习时，本来想玩的兴趣挺浓，你却先捧起不喜欢的学科，这便加重了不想学习的心理，熄灭学习兴趣的火花。

英国有一家采取开放计划系统的学校，每天早晨让走进教室的学生先从自己喜欢读的科目开始读，因为喜欢，读起来自然又快又顺利。等学生较顺利地把功课做好，并得意洋洋地拿去向老师显示成果后，才转移到下一个科目。

做完得意科目，学习不喜欢的科目时，老师也不会让孩子满脸忧伤地趴在桌子上，而是让孩子站起来到处走走，看看同学做功课，让心情转换一下，再踱回去面对问题。如果学生实在受不了，想放弃时，老师再给予切合实际的指导。

也许有的同学会说，我喜欢的学科老师没留作业，不喜欢的学科却留了一大堆作业怎么办？

那就先挑这个学科里简单的题来做吧，一组试题，多种类型，几十个知识点，你先忘记讨厌，先挑一道简单题，做完一道，再挑一道喜欢做的，这样挑到最后两道题，一比较还是有一道更喜欢做，更简单点，这样容易使你的心态变得积极乐观。

（二）如何更好地提高学习效率

我们经常看到这样的情况：某同学学习极其用功，在学校学，回家也学，不时还熬熬夜，题做得数不胜数，但成绩却总上不去。面对这样的情况谁都会十分着急，本来有付出就应该有回报，而且，付出的多就应该回报很多。但实际的情况却并非如此，这里边就存在一个效率的问题。效率指什么呢？好比学一样东西，有人练 10 次就会了，而有人则需练 100 次，这其中就存在一个效率的问题。如何提高学习效率呢？其实最重要的一条就是劳逸结合。学习效率的提高最需要是清醒敏捷的头脑，所以适当的休息、娱乐不仅仅是有好处的，更是必要的，是提高各项学习效率的基础。那么上课时的听课效率如何提高呢？首先课前要有一定的预习，这是必要的，不过预习一般都会比较粗略，无非是走马观花地看一下课本，这样课本上讲的内容、重点大致在心里有个谱，听起课来就比较有针对性。预习时，其实不需要太仔细，太过于仔细反而是浪费时间。

还有一种办法就是不妨给自己定一些时间限制。连续长时间的学习很容易使自己产生厌烦情绪，这时可以把功课分成若干部分，给每一部分都限定时间，例如 1 小时内完成这份练习、八点以前做完那份测试等，这样不仅有助于提高效率，还不会产生疲劳感。如果可能的话，逐步缩短所用的时间，不久你就会发现，以前1小时都完不成的作业，现在40分钟就完成了。

切记，不要在学习的同时干其他事或想其他事。一心不能二用的道理谁都明白，可还是有许多同学边学习边听音乐。或许你会说听音乐是放松神经的好办法，那么你尽可以专心地学习1小时后全身放松地听一刻钟音乐，这样比带着耳机做功课的效果好多了。

上课时未免会有些松懈，有时反而忽略了最有用的东西。上课时认真听课当然是必需的，但任何人都无法集中全部精力听一节课，就是说，连续40多分钟集中精神不走神，是不太可能的，所以上课期间也有一个时间分配的问题，老师讲有些很熟悉的东西时，可以适当地放松一下。另外，记笔记有时也会妨碍课堂听课效率，有时一节课就忙着抄笔记了，这样做很有可能忽略一些重要的东西，但这并不等于说可以不抄笔记，不抄笔记是不行的，人人都会遗忘，有了笔记，复习时才有基础，有时老师讲得很多，在黑板上记得也很多，但并不需要全记，书上有的东西当然不要记，要记一些书上没有的定理定律，典型例题与典型解法，这些才是真正有价值去记的东西。否则见啥记啥，势必影响课堂听课的效率，得不偿失。做题的效率如何提高呢？最重要的是选"好题"，千万不能见题就做，不分青红皂白，那样的话往往事倍功半。题都是围绕着知识点进行的，而且很多题是相当类似的，首先选择想要得到强化的知识点，然后围绕这个知识点来选择题目，题并不需要多，类似的题只要一个就足够，选好题后就可以认真地去做了。做题效率的提高，很大程度上还取决于做题之后的过程，对于做错的题，应当认真思考错误的原因，是知识点掌握不清还是因为马虎大意，分析过之后再做一遍以加深印象，这样做题效率就会高得多。

（三）重点优化，把握住学习的黄金时间

要想真正提高学习效率，还需要充分地利用最有效率的时间，并懂得优化学习的程序，这样就能花较少的时间来达到最佳的效果。

①寻找最佳时间段

要提高学习效率，除了保证充分的休息以外，还必须通过一段时间的实践，寻找大脑活动的规律，什么时候记忆力最好，什么时候逻辑思维最活跃，自己擅长形象思维还是抽象思维，然后安排学习各学科的时间，确定具体的学习方法。

一般来说，寻找这一时间段有以下几个步骤：

首先，应明确最佳时间段是整块的时间，而非零散的时间。至少是超出一节课的时间，才称得上是一个整块的时间，才值得我们去寻找。十分钟八分钟的时间段，只能称作零散的时间。其次，整块的时间一般或在晚上，或在早上。因此，寻找最佳时间段的问题就转化为弄清自己是"猫头鹰"型还是"百灵鸟"型的问题。所谓"猫头鹰"型，是指在晚上学习效率奇高的人；所谓"百灵鸟"型，是指在早上学习效率奇好的人。最后，在确定了自己是"猫头鹰"型还是"百灵鸟"型之后，应再进一步研究，这一最佳时间段具体应如何运用，方能取得最大效益。比如说，要探寻自己是在一定时间段就学一门功课效果好，还是交替学两至三门功课效果好。

那么，最佳时间段应该先学哪一门呢？

第一，从你认为最难的那门功课开始。比如今天老师留了好几门功课，其中数学是你的弱项，那么当你开始学习时，就把数学放在最前面。

第二，从最拿手的学科开始，逐步进入状态。这一条适合注意力不容易集中的学生。

②分清主次与轻重

有的同学可能会说，我天天忙得团团转，恨不得把全部的时间都用在学习上，但为什么效果不佳呢？有这种困惑的同学其实不在少数，这是因为他们没有明白，时间管理的精髓在于，每天任务分清主次，永远先做最重要的事。

其实质就在于明白学习中的紧迫性和重要性不是一回事。紧急的事不一定重要，重要的事不一定紧急，当我们面前摆着一大堆事的时候，要冷静地想一想哪些是真正重要的，然后把它挑出来，做最优先的处理。

　　如果听任紧急的事左右你，你在穷于应付中，常会忽视更重要的事情。如果你能够将每天面临的杂乱无章的事情系统化，按解决问题的轻重缓急，根据某件事情在系统中起作用的程度、贡献的大小，分为不同类型，排定事务的优先次序，然后抓住影响全局、对整个系统有举足轻重影响的重要环节，重点进行突破。其原理是抓住学习的 80% 的价值，集中在学习的 20% 的组成部分上，根据价值的不同而付出不同的努力来定量安排自己的时间支出，达到两分努力获得八分效果的目的。

　　美国前总统艾森豪威尔在安排其事务时，只让真正重要而迫切的事情通过他的办公桌，因为他认为重要和迫切这两者很少合在一起，真正重要的事项鲜为迫切者，而迫切的事项罕有重要者。艾森豪威尔管理一个大国的经验很值得我们在学习中借鉴。

　　比如，你可以将一天需要完成的学习任务按轻重缓急分为 A、B、C 三个层次，然后加以区别对待：A 类属于最重要、必须完成的任务；B 类属于一般性的任务；C 类属于可以暂时放一放的任务。然后运用 80 ／ 20 效率法则，对每天时间进行有效分配，即把 80% 的时间分配给最重要的 20% 的任务；把 20% 的时间，分配给 80% 的一般任务，实现时间与效率的高度统一。

　　这一天，如果把 A、B 两类任务完成了，就完成了学习的 80%。对于 C 类，当天如果还有时间就做，没有时间就放一放；万一情况有变化，C 类事情需要当天完成，再视具体情况，或划入 A 类，或划入 B 类。

　　照此方法施行一段时间以后，你会发现，在学习时间比以往减少的情况下，成绩却稳步上升了。

　　你也可以根据重要性和紧迫性程度的不同，将所有的事情分为四类，它们分别是：

　　第一类：重要且紧迫的事。比如各门学科的终考、高考、中考和小考。

　　第二类：重要但不紧迫的事。比如学习能力、创新能力的培养以及基础知识的掌握等。

第三类：不重要但紧迫的事。比如不速之客、电话、邮件等。

第四类：不重要且不紧迫的事。比如阅读休闲读物、收看毫无价值的电视节目等。

将第一类作为每天最重要事的同学，常常天天忙于收拾残局，处理危机，长期精神处于高压力状态下，精疲力竭，备考效率并不高。

关注第二类的同学，会大大提高第一类事情的效率，也让人更加自信。因为第二类事情与第一类事情息息相关，而且是办好每一件事的前提条件。

第三类事应该设法减少；第四类事应该尽量舍弃。

坚持每天先做最重要的事情，就能在繁杂的学习任务面前保持清醒的头脑，从而高效率地利用时间。

③优化程序，统筹安排

我国著名数学家华罗庚在《统筹方法平话及补充》一书中，以浅显易懂的事例，介绍了这一方法。书中说，想泡壶茶喝，当时的情况是：开水没开；水壶、茶壶、茶杯没洗；有茶叶，火也生好了。怎么办？最优化的办法是：洗好水壶，灌上凉水，放在火上；在等待水开的时间里，洗好茶壶、茶杯，放好茶叶；等水开了泡茶喝。这里缩短时间、提高工作效率，关键是抓住烧开水这个环节，在等待水开的时间里，同时做了其他几件事。

这个例子可以说是程序优化法的一个经典范例。具体来说，程序优化的方法是：

一是并行做几件事，提高单位时间的效率

很多同学上网，常常同时或者穿插完成两个或两个以上任务。比如：如果要上网浏览新闻、下载学习资料、回复电子信函等。其中下载资料所用时间较长，于是，我们在执行下载任务的同时，可回复信函、浏览新闻。当下载任务结束时，其他任务也完成了。

二是简化步骤，缩短时间，提高效率

崔西定律指出：任何工作的难度与其执行步骤的数目平方成正比。比如，完成一件工作有 3 个执行步骤，则此工作的难度是 9；完成一件工作有 5 个执行步骤，则难度是 25。简化工作流程，就意味着节省时间。

三是预定日程，不打乱仗

预定日程是程序优化的一种重要方式。中国工程院张履谦院士，虽已年逾古稀，但仍参与我国多种应用卫星、载人飞船、月球探测和空间测控等方面的研究，事务繁多。他管理时间的办法是预定日程，常常几个星期的日程，已经提前安排得满满的。

四是不要平均使用力量

学习时间是有限的，但学习内容却是无限的，所以在分配时间时要突出重点，兼顾一般，不要平均使用力量。所谓重点，一是指自己学习中的弱科，二是指各学科中的重点内容。每个同学都可能有自己的弱科，有的感到外语较难，有的觉得化学问题较多。重点确定以后，必要时还可以根据本身的系统性，将重点内容再细分为几个专题，在兼顾其他各学科学习的同时，集中一个月或几周的课余时间去攻一个专题，解决一个专题以后，再集中一段时间专攻第二个专题、第三个专题……这种各个击破、集中力量打歼灭战的计划学习方式，无论对于补差或是提高，都是行之有效的方法。

（四）形成规律，把学习时间固定下来

学习有规律的学生，什么时间学什么都是固定的，这样时间就会得到充分的利用，不会导致无谓的浪费。

①按规律学习效果好

有规律地利用时间，是增强学习效果的好办法。有的同学就是吃了这方面的亏。比如，按照遗忘规律来讲，是先快后慢，越往前遗忘的越多越快，所以学过的内容应及时复习，可有些同学老是先玩后复习，或攒到一块再复习，严重的甚至干脆仅做作业而不进行复习。再比如，大脑的工作也有个时间限度，用久了就会产生疲劳，如果不适当休息，那就不但不能学好新知识，甚至还会影响已学过

的知识。再比如，有些同学由于未依照大脑的特点来安排时间，学什么总没有个固定时间。就说数学作业吧，今天早上做，明天自习做，后天也许就晚上贪黑做，类似的学习内容没有固定时间，都是学习盲目的表现，结果大大地降低了学习效率，也就无形地造成时间浪费。

成功考入北京大学的优等生徐婷认为，要有规律地利用时间，具体到每个阶段学什么，也是非常有讲究的。

第一，早晨头脑清醒适于记忆，所以每天早晨她都背一些英语课文或名家名段；但从不利用早晨的时间做数理化的作业。

第二，中午午休后一般做作业。由于她是班长，成绩比较好，所以有不少同学喜欢和她讨论问题。她利用中午时间做作业，这样可以做到心中有数，更好地为别人解答。

第三，自习课和晚自习一般是做一些练习题。我始终坚信"熟能生巧"，因此，做练习是她每天最愿意干的事。

第四，晚上回家通常是带一些英语语法之类，分专题读一些，如虚拟语气、连词等。

三年每天如此，学习越有规律，效率越高，成绩上升得越快。

在时间安排上一旦形成规律，到时间就起床，到时间就睡觉，该学习时就安心学习，到了锻炼时间就自觉去锻炼，学习生活就会达到自动进行的境界。

②在固定的时间学习固定的科目

根据巴甫洛夫条件反射原理，如果在固定的时间学习固定的科目，每当打开书本，大脑的有关部位就会不由自主地兴奋起来，就好比每到吃饭时，人就会感到饿一样。所以，在固定的时间做固定的事情，有助于取得更好的学习效果。

辽宁省的一位优等生李劲颖说："真正令人心惊的高三生活是从那些铺天盖地的卷子开始的。如何安排时间完成这些白花花的卷子成了首要问题，原有的时间安排受到冲击。所以我下定决心改变原有的学习方法，把每一科的学习都安排在每天固定的时间里，到什么时间做什么题，什么时候看什么书都安排得井井有条。不管发下多少试卷，我只按自己的时间安排来做，绝不会为了完成某一科的卷子而耽误了另一科的学习。"

李劲颖的改变是及时而正确的，她给自己定下规矩，给每科安排好固定的时间，例如早上 15 分钟读英语，课外活动时间做一道政治辨析题，晚上用一段时间钻研数学。睡眠、休息也有详细安排，学习和生活都有条不紊地进行。为了不至于一味跟着老师跑，而使学习只有数量没有质量，在每天晚上睡前，都闭着眼睛回忆当天所复习的内容，每个周末再把一周的知识在脑中串一遍。这么做看似在重复，其实若不这样做，前面复习后面就会忘，尤其是文科记忆量大，更需下大功夫，第一轮复习费点力气，在二三轮提高能力时，就可以匀出大部分精力来对知识进行深入分析。

③建立稳定的生物钟

对广大中学生来说，要想提高学习效率，培养稳定的生物钟是非常必要的。湖南湘潭的优等生左才杰克说："提高学习效率，关键是建立自己的生物钟，保证白天有精神，晚上有精力。我建议每天都要午睡，即便是小躺几分钟，也对下午和晚上的课及复习有帮助。下午回来之后，一定要运动运动，因为紧张学习一天，已经很疲劳了，如果在这个时候不运动运动，会严重影响晚上的复习效率。也还可以看看电视，看一些轻松的娱乐节目或是听听歌，放松放松自己。在复习阶段形成的早起晚睡的生物钟，在高考前一个星期或是更早就应该试着改变，因为高考那几天肯定是要保证充足的睡眠的。"

在左才杰克看来，生物钟对人的精神状态有着深刻的影响，一个习惯晚睡晚起的人在上早课时必定效率不高。他说："我上高一时总是爱睡懒觉，一到周末总得 10 点多了才起床，相应地晚上也是过了 12 点才能睡觉。久而久之，每天早上第一二节课我总是会打瞌睡，而学校里早上的课总是最重要的，时间长了，损失非常大。一到晚上，我总是特别兴奋，睡不着觉，第二天早上就会更困。这样的恶性循环，对身体和学业的损害都非常大。

上了高二，我决定改变这一作息习惯。在假期里，我强迫自己早上 7 点钟准时起床，白天无论多困都强忍着不去睡觉，晚上 11 点钟准时睡觉，即使非常清醒也要静下心来躺在床上。一个假期下来，我的作息时间就变得非常有规律了。这对我学习的帮助非常大。养成这样的习惯之后，我可以保证一天的在校学习都精力充沛，而众所周知，专心听讲是学习中最重要也是最有效的环节。因此我学习起来就事半功倍了。而且身体状况也有所好转。调整好生物钟确实对身心都大有好处。"

④将学习时间记录下来

在学习中，有些同学喜欢做一些毫无意义的事情。比如摆弄不干胶、贴画，到游戏厅去"潇洒潇洒"，买块泡泡糖嚼个没够，类似的事情还有很多。要知道，这样的"小事"做的时间久了，就会形成一种不好的习惯，可以说这是一种对时间的极大浪费。如果你能把学习时间记录下来的话，你就会发现，有多少时间被那些毫无意义的事给浪费掉了。

第二章
三种"学习"习惯

一、养成良好的预习习惯

二、养成追根溯源的习惯

三、养成善于联想的思维习惯

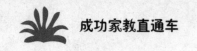

一、养成良好的预习习惯

（一）预习的好处——高考"状元"的重要经验之一

所谓预习，就是在老师讲课之前，自己预先学习。预习可分近期预习和远期预习。近期预习指课前预习和章节前的一两个星期预习。远期预习是指提前一个月、几个月的预习。科大少年班的学生常常提前两三年自学初高中课程，这也是一种特殊的远期预习。

预习最大的好处是有助于形成学习的良性循环。预习使同学们变得主动，站在主动进攻位置上的人当然容易打胜仗。一位优秀的中学生说，预习是"合理"抢跑，一开始就"抢跑"领先，争取了主动，当然容易取胜。

学习主动，走在前面，心情好，智力好，自学能力强，于是成绩好；成绩好了，学习更主动，智力更好，自学能力更强，学习兴趣更浓，成绩更好，良性循环链便形成了。

不预习，某些内容可能听不懂，一个地方卡住，别的地方可能感到茫然，课后作业困难大、错误多、学习被动、成绩不好。成绩越不好，越没时间或不愿预习，上课越没劲，作业越困难，自学能力越差，成绩越差，恶性循环链于是形成。

生活中的事物都在运动发展，不是良性循环，便是恶性循环。此种规律，美国社会学家罗伯特·默顿管它叫"马太效应"，是指"对富有者还要再给，对一无所有者继续剥夺"。学习上的"马太效应"便是随着年级的升高，"对成绩优秀的还要使他更优秀，对成绩落后的还要使他更落后"。要形成良性循环，对大部分学生来说，狠抓预习，便是抓住了"牛鼻子"。

总结来看，预习有五点好处：

第一，预习可以培养自学能力和独立思维能力。因为预习是自己独立地接受新知识，需要自己独立地阅读和思考，这就要有较强的逻辑思维能力。在阅读教科书时，只有经过独立思考，才能搞清思路，抓住要点，解决难点。预习时有些地方没弄懂，听课时就会受好奇心的驱使格外留心，一旦理解了，思想上豁然开朗，印象就特别深，可以久记不忘。有时预习自己认为已经明白了的内容，听课时会发现自己还没有完全理解，因而会引起进一步的思考，甚至发现新的不理解的问题，这对深化学习和提高理解能力是十分有效的。

第二，预习可以直接提高效率。首先预习可以发现自己的知识漏洞。通过复习有关旧知识，弥补了漏洞，这样能扫除知识障碍，使自己听课时精力能很快集中到新知识上面去。这样就可以避免再翻书查找，省去课上许多时间。例如，高二化学讲到《电解质溶液》一章时，同学对于"电解质"和"电离"等初中讲过的概念可能记不清了。如果不进行预习，那么课上就不能很好地理解"强电解质"和"弱电解质"，以及"弱电解质的电离平衡"等理论。

第三，预习能开拓思路。经过预习，心中有数，容易跟上老师讲课的思路，甚至可以跑到老师思路的前面。要跟上老师的思路，就要开动脑筋，多问自己几个"为什么"。讲到一个新概念，就想一想它是怎样建立起来的，与它相关的概念有哪些；讲到定理，就想一下它是怎样推理出来的，适用范围是什么等。有时预习得比较好，对所讲的知识比较熟悉，就可以跑到老师思路前面想一想下一步他会怎么讲，然后在继续听讲中加以对照。

由于思路开拓得好，听课效率就提高了，老师布置的作业能顺利地完成，这样自由支配的时间就增加了，学习就主动了。

第四，预习可以提高记笔记的水平。老师讲的内容大部分书上都有，由于做过预习，知道哪些内容书上有，哪些没有，可以有选择地记好笔记，或用笔在书上画重点、做记号，或记下简略的提纲，而把大量的时间用于思考。这样做比把时间大量用在埋头记笔记上要强得多。

第五，预习能增强记忆效果。预习时无论对看得懂的知识还是看不懂的知识，都经过了独立思考，有了初步的印象，再加上课上老师的讲解、分析和自己进一步的学习，理解就更为深刻。理解的知识是容易记住的，特别是经过努力而攻克的知识更容易记牢。同时，预习加强了新旧知识的联系，使新旧知识组成合乎逻辑的知识体系，这也有助于记忆。

（二）预习的内容及策略方法

（1）预习的内容

通过预习，应该明确以下问题：①下节课的大致内容；②这些内容中有哪些是自己能看懂的；③这些内容与前面的内容之间有什么联系。

（2）预习的策略方法

预习的方法很多，这里提几条基本的策略：①妥善安排预习时间。课前预习时间最好安排在做完当天功课后的剩余时间里，根据时间的多少来确定预习内容的深度和广度。②明确预习任务。首先是复习、巩固与新内容有关的旧概念、旧知识，以保证与新知识的顺利衔接；其次是找出自己预习中尚不懂的问题；最后是试着做预习笔记。③预习时应做到"读、划、画、写、记"相结合。"读"即课前预读。也就是阅读新课教材及资料，必要时还需要阅读与新课相关的已学课文，有针对性地复习新课学习可能涉及的旧知识。"画"就是划层次、画要点，必要时在准备的练习本上写写画画，为自己留下展开思维的痕迹。"批"就是把自己的看法、体会写在旁边。"写"就是把自己的问题整理出来，写简单的预习笔记。"记"就是对重点知识进行记忆。如对重要的词、句和段落，重要的概念、定理和结论，要求能基本记住。④施行"三层次预习"。根据预习的时间和内容，可以把预习划分为学期预习、阶段预习和课前预习三个层次。"学期预习"是指在开学前或开学初，集中一定的时间，通览新教材，进行系统自学的过程。"阶段预习"是指预习单元章、节的知识内容，初步建立这部分知识的结构。它可以明确单元知识的重点和难点，增强学习的目的性，也有利于从系统的角度掌握知识。"课前预习"是指在老师讲课前，先自学这一节内容，为学习新课奠定基础。它花时短、收效快，较常用。⑤不同学科采用不同的预习方法。预习时，不能千篇一律，不同的学科要采用不同的方法预习，抓不同的要点。比如，预习数学时，要把重点放在数学的公式、概念和原理上；语文预习重点放在生字、生词、中心语句、段落大意和写作风格上。⑥预习时要抓住重点和难点内容，关键是在阅读教材内容时要做"有心人"，不走马观花。要善于发现问题，能自己解决则解决，不能解决的，一定要记录下来，不必花太多的时间思考。带着问题听课时，目标就非常明确，注意力也易集中。

（三）预习的基本程序

通常，预习新课可按以下程序进行：（1）浏览教材；（2）找出本节应掌握的预备知识，并复习、巩固和补习这些知识；（3）编写本节的内容提要；（4）确定本节的重点和难点；（5）找出上课时应重点解决的问题，特别是新教材中自己不理解的问题。

二、养成追根溯源的习惯

学习最忌死记硬背，特别是理科学习，更重要的是弄清楚道理，所以不论学习什么内容，都要问为什么。这样学到的知识，即使你所提的问题超出了中学知识范围，甚至老师也回答不出来，但这并不要紧，要紧的是对什么事都要有求知欲、好奇心，这往往是培养我们学习兴趣的重要途径，更重要的是养成这种思考习惯，有利于思维品质的训练。

（一）自觉参加讨论

第一次世界大战后，法国有一群志同道合的青年，组成了一个"布尔巴基集团"的学习小组，经常讨论数学问题，并且雄心勃勃地要对数学进行全盘改造。他们总是由一个人起草初稿，然后大家各抒己见，有时激烈到大吵大叫，初稿经常"粉身碎骨"，之后再另起炉灶。一篇文章几经波折，如果大家不一致通过就不准发表。后来，被世界公认为最权威的数学著作——《数学原本》就这样在他们手中诞生了，而且他们当中涌现出了魏耳、狄东涅等一批世界第一流的数学家。

讨论在同学中进行，不像面对老师，大家容易等着老师拿出现成的答案。同班同学完全平等，大家不容易有顾虑。在平等的气氛中畅所欲言，每个人潜在的聪明才智才容易释放出来。

课堂讨论能促使你积极思考，加深对所学知识的理解。即使自己意见不对，也能及时发现自己的弱点，及时克服。讨论时你听取了各种意见，自己容易受到启发而产生新的创意。讨论还能锻炼一个人的口头表达能力，提高他的辩论能力。

课堂讨论好处很多。同学们一定要珍惜讨论的机遇，不做局外人，不"闭关自守"，自觉参与到小组讨论或全班讨论之中。

（二）记好课堂笔记

有人曾悄悄地将一场讨论记录下来，两星期后又请参加讨论的人将他们能回忆起来的讨论内容写下来。把回想起来的内容与录音核对时，便会发现每个人记得起来的具体论点的平均数只有总数的 8.4%。此外，回忆起来的 42% 的论点多少有些不正确。这表现在下列几个方面：写下来的事有些根本没有发生过，随随便便讲的话被大肆扩充，仅仅暗示过的论点记上了等。总之，所记起来的仅仅是只言片语或零零碎碎的东西，但即使这些一鳞半爪的东西也被歪曲了。那么忘掉了讨论中具体论点的 91.6% 的又是些什么人呢？他们是受过高等教育的剑桥心理协会会员。

这个例子可能有些特殊。受过高等教育的人，一场讨论过去两个星期之后，居然能忘记具体论点的91%。也许他们的讨论是无关紧要的话题，也许他们讨论后又有极为重要、极为紧张的工作要做。但人们对听过的东西、讨论过的东西，过了些日子会遗忘掉很多，这是每个人都曾有过的体会。所以俗话才说："最烂的笔头也胜过最强的记忆。"

会听课的同学，一般都有做课堂笔记的习惯。

课堂笔记能增强听课时的注意力，提高课堂学习的效率，还有利于课后复习和完成课后作业。

怎样记课堂笔记呢？

首先，要明确记课堂笔记的目的。记笔记的目的是为了帮助复习，你在消化教学内容时，有一个回忆教师讲解的依据。

其次，根据上述目的区分出应该记录的内容。一般说，应该着重记录以下几方面的内容：

①老师补充的重要内容；②老师点出学生最容易混淆和最容易出错的地方；③老师归纳的分散在各课各册中的内容。

有的同学上课时用一个草稿本记笔记，叫课堂笔记本，课后复习时再把所学内容整洁地整理在一个学习笔记本上。

还有的同学在课堂笔记本距竖边2/3的地方画一条竖线，2/3的篇幅作课堂笔记用，1/3的空白处留作复习时整理笔记用。

也有的同学学习能力比较强，在课堂上就能把笔记记得十分整洁，条理清楚，课后复习时，只要稍加订正和补充就行了。

要注意的是课堂笔记一定要简略，要突出重点。如果记的内容过多，占用了思考的时间，反而会降低课堂学习效率。

（三）做好课堂习题练习

课堂练习是学习中从理论到应用的一种实践活动，是巩固知识和检验学习效果的重要手段。绝大部分老师在课堂上都安排近 1/3 的时间用于学生做练习。

有的同学听完课后拿到练习不会做，这是没有学懂知识，应尽快复习教材，再看看例题。有的同学勉强会做，也常常会发现一些问题，或理解不深，或记忆不牢。这就要边复习、边加强练习，练习多了，熟练了就好了。

①要提高练习的效率，就要掌握练习要领。

练习要领是：要坚持先复习，后练习，不要拿起练习就做；要坚持独立思考，独立完成练习，不要遇难而退，轻易问人；要坚持理解消化，立足于懂，不要图快；要坚持数量适当，有代表性，不要贪多或过简。

②做练习的基本方法是：仔细审题，认真答题，全面检查。

第一，仔细审题，即对练习题进行认真阅读、思考，弄清题中告诉些什么（条件），要求你做些什么。练习常常是课本知识的引申、拓展、演化，或者是变通应用。如不仔细分析思考，消化理解，就不能掌握实质。要运用什么知识去解决问题就不能准确判断，造成解答失误。审题一般经过这几个步骤：逐字逐句读题，勾画出关键词句；列出条件、结论；寻找解答的对应知识。

第二，认真答题，是指灵活运用知识分析解题的途径，并在解答中做到列式、运算、推理、作图等步步无误。

答题过程中，关键的一步是从已知条件和未知中，找出解题的途径。寻找解题途径的方法，有从已知到未知的综合法，有从未知到已知的分析法，还有两者结合的分析综合法。

其次是答题过程要合理。答题时的叙述、形式、运算、推理、作图等一定要有充足的理由，每一步都要有起初的命题作依据，而且遵循正确的思维规律和形式。答题要清楚、简洁。

第三，全面检查，指对已解答的练习进行查漏补缺，看解答是否正确、合理、简洁、清楚。检查是练习的一个十分重要的环节。

有的同学愿意做题，但不愿检查，以致会做的题由于马虎，错了也不知道，久而久之，形成不良习惯。

检查应着眼于三点：一查解题的正确性，即查在解题过程中运算、推理、列式、作图和所得结果等是否正确无误；二查解题的合理性，即查解题的每一步是否都有充足的理由；三查解题的完满、清楚，即查解答是否解决了题目所提出的全部问题，是否有条理，表达清楚，并符合一定的格式要求。

三、养成善于联想的思维习惯

在学习中我们应经常注意新旧知识之间、学科之间、所学内容与生活实际等方面的联系，不要孤立地对待知识，养成多角度地去思考问题的习惯，有意识地去训练思维的流畅性、灵活性及独创性，长期下去，必然会促进智力素质的发展。

知识的学习主要通过思维活动来实现，学习的核心就是思维的核心，知识的掌握固然重要，但更重要的是通过知识的学习提高智力素质，智力素质提高了，知识的学习会变得容易。所以上面讲的三种"学习"习惯实质上是三种思维习惯。学习的重点就是学会如何思考。

（一）培养"思维"一定程度上的脑筋急转弯

18 世纪世界许多地方流行一种可怕的疾病——天花。天花是由病毒传染的，死亡率很高。

乡村医生琴纳经过研究，产生了大胆的设想：用人工接种"牛痘"，预防天花。

可是这种危险的实验谁肯做呢？琴纳决定给自己的儿子接种牛痘，但遭到妻子和亲朋好友的反对。他们说，接种牛痘，儿子头上会长出牛角，身上会长出牛毛，像牛一样哞哞叫。教会也出面反对，说琴纳用牲畜的疾病来传染人，是"亵渎上帝"，说琴纳的宣传是"魔鬼的谎言"。但琴纳为了追求真理，一直坚持独立思考，果断地给自己的儿子接种上了牛痘，几天过去了，儿子只是微微不适。琴纳成功了。

几经争论，琴纳的发现才被科学界接受，人间再也没有人因为天花而失去亲人了。琴纳的美好理想得以实现，就在于他的思维有独立性。

思维独立性的反面，则是易受暗示。有此弱点的人，即使有正确的观点也不敢坚持。

英国诗人拜伦曾编写了下面这样一个测试题。诗好比是一面明镜，是人们心灵的真实写照。当你照镜子时，映出的常常不见得都是你的真实容貌。一个人站在两块相对挂着的立镜中间，就会照出一连串影像。那么，假设有一间小屋，屋内上下左右前后都铺满无缝隙的镜片，请问：当有个芭蕾舞演员身处小屋地面之中央，她能看到什么样的影像呢？

这个题能考查一个人的思维是否具有独立性。因为屋内上下左右前后都铺满无缝隙的镜片，屋内是一片黑暗，什么也看不见。如果认为能看到芭蕾舞演员的某种形象，那是思维受了"暗示"而失去了独立性。

中学生思维的独立性已经形成。中学生不像小学生那样，对教师和家长百依百顺，而是逐步用独立的眼光看待周围的一切。中学生不满足于接受成人和书本上的现成结论，而敢于大胆地发表个人意见，喜欢怀疑、争论和提出一些新奇的想法。但初中生容易偏激，好走极端，容易肯定一切或否定一切。高中生相对而言则有较强的独立思维能力。他们思考问题时不肯盲从，喜欢探讨事物发展变化的根本原因。

作为中学生，要努力培养自己独立思考的能力，凡事应动脑筋，形成自己的看法。一旦深信并被验证自己的思考是正确的，就要敢于坚持。

有的同学在学习、实践中能坚持自己的看法和观点，据理与同学、老师讨论和争辩。但据研究，相当一部分同学缺乏独立见解，人云亦云，一遇难题或争论，很容易怀疑自己，或放弃己见，甚至做完题目后，常常不相信自己的答案是正确的，非要和别的优秀同学核对一番才放心。

具有思维独立性的同学，遇到问题善动脑筋，容易形成独立学习能力。这一品质，不但对学习有益，而且对将来独立解决工作中的问题也是很重要的。

思维的独立性是针对坚持真理而言，与"固执"是截然不同的。在学习中要敢于坚持自己认为正确的东西，一旦发现自己的看法不正确，应有勇气马上放弃。"独立性"与"谦虚"是一致的，没有良好的思想觉悟和高尚的情操，思维的独立性便会走向与真理相对的一面。

（二）培养思维的深刻性

思维的深刻性是指透过表面现象，甚至是不屑一顾的表面现象看事物本质及其发展规律。

马寅初教授是著名学者，一代宗师，他认识问题总是入木三分，充分体现出思维的深刻性。

1953 年我国进行了第一次人口普查，有 6 亿多人。1954 年马老回到家乡浙江嵊州浦口镇，他的侄子竟然领来 9 个孩子拜见阿公，这使马老大吃一惊。经过 3 年调查，马老发现我国人口每年增长率为 22‰，即每年净增人口 1300 万，于是他在 1957 年全国人代会上提出了新人口论，主张计划生育。遗憾的是他受到了全国性的批判。1959 年马老在最后一篇答辩文章中写道："批判我的学术思想的不下 200 人，而且要把这个战场延伸到几家报纸和许多杂志。这个挑战是很合理的，我当敬谨拜受。我虽年近 80，明知寡不敌众，自当单枪匹马，出来应战，直至战死为止，绝不向专以力压服，不以理说服的那种批判者们投降。"

1979 年，当马老 97 岁高龄的时候，中共中央统战部派一位副部长到马老家里宣读为他平反和恢复名誉的决定。一万个日夜可以作证，马老的"新人口论"完全符合中国国情，其学术思想是多么深邃和富有远见！

这就是思维的深刻性，它能依据事物的发展规律预见未来。

作为中学生，在理解思维的深刻性和重要性的同时，应努力培养这一优秀品质。应按照爱因斯坦所说的"思考、思考，再思考"去做，就能逐步获得这一宝贵的思维品质。

善于课前预习的中学生，思维容易具有深刻性，一个长期坚持预习的同学，一定会养成积极的动力定型，这类动力定型将来必然会转移到工作上。

思维的深刻性是学好各门功课的基础。例如，在《社会发展简史》中，我们一定要抓住一条主线，即生产力和生产关系的矛盾运动，可以通过不断回忆学过的知识，加深理解生产力是怎样决定生产关系，生产关系又是怎样反作用于生产力的，我们就可以具体地了解资本家是如何靠榨取工人创造的剩余价值发财致富了。这样思考，容易使我们的思维变得更深刻。

我们把很强的条形磁铁的一端迅速地接近磁针的同极，反而会互相吸引。碰到这样"反常"现象，我们就得往深层次去探究原因，原来条形磁铁的磁性很强，当它迅速接近磁针时，还未显示排斥作用，磁针的同极已被磁化为异极，因而互相吸引。

思维深刻性的反面是肤浅性。凡是思维肤浅的人，往往被表面现象和眼前利益所迷惑，而不去认识事物的本质及其发展趋势。

据某省调查，中学生厌学率超过 30％。这些同学缺乏学习动力，老师不抓出勤，就迟到；老师不追作业，就不写；不考试，就很少复习。这种厌学心理的产生，与思维肤浅有直接关系。如果这些同学能往深想一想人生的意义，想一想未来，想一想对祖国的责任，就容易变得积极向上，好学上进。

（三）培养思维的逻辑性

思维的逻辑性表现在思考、论证问题时有条不紊，有理有据，令人信服。

要培养思维的逻辑性，必须学习形式逻辑的普遍规律，即同一律、矛盾律、排中律和充足理由律。

①同一律

同一律是指在研究一个问题时，不允许偷换概念或转移论题。

很久以前，有个县令上任伊始，便在堂上高悬一副对联："得一文，天诛地灭；徇一情，男盗女娼。"打官司的富贵人家相信"有钱能使鬼推磨"，于是把金钱玉帛送给这位县令。这位"清官老爷"照收不误。有人不平，当面问县令："你接受贿赂，怎对得起对联上的誓言呢？"县官非但不觉羞耻，反而振振有词："我没有违背誓言，因为我所得的不是'一文钱'，受贿徇情也非'一次'呀！"

这个县官在写对联时就存心玩弄诡辩，蓄意欺骗世人。从逻辑上看，这个县令的诡辩违背了同一律——偷换概念。

②矛盾律

矛盾律是指在研究一个问题时，不能做出两个互相矛盾的判断，而要前后一致，互相统一。

成语"自相矛盾"这个人人皆知的寓言中卖矛又卖盾的那个人，被人问得无言以对，就是因为他的两个判断互相矛盾，无法自圆其说。

有一位中学生在日记中写道："我昨夜做了一个梦，游山玩水，看见了许多奇花异草，游览了亭台楼阁，可惜醒来全忘了，不然真可以写出一篇十分精彩的《梦游记》。"

这种说法违背了矛盾律，既然"醒来全忘了"，怎还能记得"游山玩水"和"看见了许多奇花异草"呢？

③排中律

排中律是指在研究一个问题时，不能同时否定或肯定两个互相矛盾的事物，而要正确地选择其一。

下面一道逻辑推理题，就可用排中律加以正确地解答：

一位姑娘对求婚者说："这里有三只盒子，一只金盒子，一只银盒子，一只铅盒子。每只盒子上写着一句话：金盒上写着'肖像在这里'；银盒上写着'肖像不在这里'；铅盒上写着'肖像不在金盒里'。这三句话中，只有一句是真的，谁能猜中我的肖像放在哪一个盒子里？"

有一位猜中了，他运用的是排中律的知识。他看到铅盒上写的一句话与金盒上的话是互相否定的，是两个互相矛盾的判断。根据排中律，在互相矛盾的两个判断中，必有一真。根据题意，只有一句是真话，而这句真话只能在这互相矛盾的两个判断之中。因此银盒上的那句话一定是假的。既然银盒上的话"肖像不在这里"是假的，适得其反，就可以判定肖像放在银盒子里。

④充足理由律

充足理由律是指任何判断和论证，只有当它有充分的理由和根据时，才是正确的、合乎逻辑的，才具有论证和说服的力量。

可作判断和论证根据的充足理由有三种来源：

第一，明显的事实。如"这个教室有两扇门"，是明显事实，无须别的理由加以证实。

第二，公理。公理就是不加证明而公认为正确的命题。如"全体大于部分"，"两量各等于第三量，则此两量相等"这类的判断，都不需要论证。

第三，既得的规律、原理的学说。在各种学科中可凭借大道理推出小道理，凭借旧的、已被证实的定理、法则推证新的、前所未有的命题。

我们可举这样一个例子："铜是电的良导体。"我们可用两种方法证明：用实验方法（通电流于铜线）；或用纯粹逻辑的推论方法（凡金属都是电的良导体，而铜是金属，所以铜是电的良导体）。

中学阶段是逻辑思维能力迅速发展的阶段，我们应抓住这个大好时机，培养自己的逻辑思维能力。

有的人说话、写文章颠三倒四，模棱两可，自相矛盾，苍白无力，这都与犯了逻辑错误、缺乏逻辑修养有关。

有的人面对巧言诡辩，无力分辩，盲目附和，这也与逻辑知识贫乏有关。

有的人遇到复杂情况，好比乱麻在手，"剪不断，理还乱"；有的人却条理分明，纲目清楚；有的人思想迟钝，紧急关头举棋不定；有的人能迅速做出恰当的判断。这种思维快慢之差，也反映了人们逻辑修养之深浅。

逻辑思维能力是人思考、说话、写文章必不可少的能力。经常运用逻辑知识思考分析实际问题，逻辑思维能力就会能越来越强。

（四）培养思维的活跃性

思维的灵活性指能从不同角度利用各种方法考虑问题，着眼于事物之间的联系，能根据客观条件的发展而采取相应的措施，能及时修改自己原定的计划或方法，灵活地解决问题。

平时，人们说一名学生"机智"，就是指思维具有灵活性。但这与"见风使舵"是截然不同的。

奥泽罗夫是苏联最有名的体育评论员。他从事体育比赛的现场报道已有 30 多年的历史，在人们心目中享有极高的威信。他不但熟知多种体育项目和国内外著名运动员，而且具备机智多变的良好品质，临场发挥得特别好。

有一次在斯德哥尔摩举行欧洲田径锦标赛时，突然下起倾盆大雨，比赛无法进行，而实况转播又无法中断，奥泽罗夫在大雨中滔滔不绝地介绍了头一天比赛情况，直到雨停。另一次是 1968 年的冬季奥运会，因运动员没做好准备，无法比赛。可是实况转播已经开始，老练机智的奥泽罗夫不停地讲了 33 分钟，讲得头头是道。电视观众听得津津有味。这充分体现了他极强的应变能力。

据研究，初中二年级有 20%～30% 的学生具有极好的灵活性，高中学生中具有此种思维能力的人数还有增加。这些同学能活用学过的知识。如做数学习题时能发现练习题与例题的细微差别，因而能选择恰当的解题方法，不犯"死套公式"的错误；在做汉译英练习时遇到困难，会改变方法，用另外的句式去翻译。这些同学还能及时转移注意力，紧紧跟上老师的思路，不掉队，不分心。理解问题时，能从各个角度去考虑，能举一反三，所以学习效率高，成绩好。

中学六年，随着学科的增加和内容的扩展、深化，随着年级的升高和同学们心理的不断成熟，学习方法也应随之改进和发展，这样才能使学习能力与客观需要相适应。

例如：读初一，要尽快适应初中的学习生活，注重理解，学会预习，提高听课质量。读初二，要学习制订学习计划，特别注重发展抽象思维能力，以学好物理、几何，防止分化。读初三，要加强计划性，提高总结知识的能力和应考能力。读高中，要适应新的竞争，提高接受知识的能力，增强独立工作的能力，掌握应考技巧，学会放松和保持心理平衡等。要做到这些，就需"随机应变"，这就需要思维灵活。

要想培养思维的灵活性，必须经常有意识地改变考虑问题的角度和方法，及时放弃不合时宜的方法，而代之以更有效的方法。只要多动脑筋，加强学习，在实践中验证新方法，并及时总结、改进，就一定能增强思维的灵活性，增强自己调节适应的能力。

（五）让思维更加敏捷

1984 年，著名相声演员马季、赵炎在山东潍坊表演相声《吹牛》。相声中两人互不相让，都吹嘘自己有本事。两人正吹得起劲，礼堂天棚上有盏灯突然炸裂，灯下的观众被撒了一头玻璃碎片，不禁大吃一惊，别的观众听到响声也把注意力转到天棚上。眼看一场精彩的演出即将告吹。面对此景，在一刹那，马季把此事巧妙自然地转化成相声内容。马季指着天棚，装出得意洋洋的神态，对赵炎说："你能吹，瞧我的，我能把电灯吹破。"观众听后，先是一愣，接着全场爆发出雷鸣一般的鼓掌声、喝彩声。

思维的敏捷性是指智力活动的速度。对中学生来说，思维敏捷意味着理解快，反应迅速，运算能力强，正确率高，这样能形成学习的良性循环，对青少年的成长至关重要。

研究表明，中学生数学运算中敏捷程度有显著差异，这种差异从初二开始变大。在北京的一次区数学选拔赛中，一位超常少年只用 50 分钟就答完了 3 小时的题目，而且得满分。可见学生间敏捷性的差别是很大的。要使思维敏捷，最好在"定型"之前加强训练。

邵老师是数学组组长。他有两个孩子，大的是女儿，叫亦文。邵亦文幼年智力迟钝，运算速度是全班最慢的。邵老师为此发愁。有一次，邵老师从杂志上学来一种方法，可以训练儿童的运算速度。即用扑克牌的数字做加法，方法是去掉其中两张王牌和 J、Q、K，用余下的 40 张扑克牌，让女儿边发牌边做累计加法运算，以提高女儿的运算速度。开始，女儿做一次扑克牌累计加法（40 张牌累计加数是 220）要 300 秒，3 个月后只需 40 秒，又练了 2 个月，只需 20 秒，速度快得连邵老师也跟不上了。邵亦文的老师反映：邵亦文的数学运算速度突然从班上最慢变成最快的了，语文成绩也成了班上的佼佼者。

邵老师用同法训练儿子亦波，半年训练，邵亦波累加 40 张扑克牌的运算速度提高到 20 秒之内。依靠快捷的运算速度，1985 年，邵亦波获上海市珠算、笔算、口算邀请赛第一名，不久又获全国华罗庚金杯少年数学邀请赛第三名。

这一事例说明，青少年的可塑性很强，只要采取恰当的方法加强训练，且持之以恒，人人都可获得较好的敏捷性。为了达到这一目的，课堂上要严格要求自己，分秒必争。这样既能培养敏捷性，提高效率，又可锻炼意志。

思维的敏捷性很重要，但并不意味着敏捷性稍差的同学就一定搞不好学习，因为人的能力是由多种因素组成的，可以以长补短。

吴某同学生来思维反应较慢，7 岁时他进入上海实验学校。这所学校计划用 9 年时间学完小学和中学 12 年的课程。

思维慢的同学，一般思维比较严谨。老师针对这一特点，对吴某因材施教，给他较充裕的智力活动时间，发挥他思考问题严密周到的特点，使他的数学、物理成绩进入全班上游。由于老师教学有方和吴某发挥了自己的长处，吴某只用 9 年时间就学完了小学、中学课程，并顺利考入上海大学通信工程系。

这一事例启示我们，即使思维反应较慢也不必自卑，通过训练完全可以像邵亦文那样变得敏捷。即使仍然较慢，只要发挥自己的优势，照样可以把学习搞好并取得突出的成绩。

（六）程序化的思维模式

殷明同学以高分考入上海同济大学。

当他考入杨浦区复旦附中时，震惊地得知自己升高中入学成绩是全班倒数第一。

他说："全市好手云集于此，其中不乏得过市级乃至全国大奖的同学，有的同学甚至受过团中央的表彰，这令我这个'寸功未建'的学生汗颜不已。

"但凭着刻苦，加上又有一套自己的方法，我很快从最差的状态中跳了出来，加入了中等生的行列，但要争得优秀就非常困难了。

"尽管我费了很大的力气，但比起那些一贯优秀的同学来只是班门弄斧而已。

"我在班级中成绩一直徘徊不前，无论我多么用功，也总是解不出卷纸最后的那几道难题，也总是没法赶上那诸多的高才生。当时我想，在同学老师眼中，我一定是没有多大希望了。我一直在寻找一条超越之路，可命运总是一次次打败我。高中的考题难度比初中大多了，思维过程也复杂得多，仅靠对题目的领会已无推动意义。这时，思维上渐渐成熟的我知道，需要一种新的学习方法。

"经过相当长时间的'悟道'，我终于初步掌握了一种新的思维方式——程序化思维模式。

"有了这套方法，我在学习上突飞猛进，成绩名次向先进赶超。在校内考试中我从默默无闻，考到了名列前茅，在会考中以全优成绩名列第一。在高考中，我合理运用了这套方法，加上正常发挥，终于获得了成功。"

程序化思维模式，总结起来，大致有以下几个方面：

①建立信息库

它就是平时学到的知识的仓库，说得更恰当些是图书馆。因为它不仅仅是将各种知识堆在一起，而是将每一科目的内容采用类似图书馆的编码管理方式进行分门别类。把有共同之处的知识点的编码简洁化，尽量减少各个信息之间的封闭关系，使每个问题都能触类旁通，但又把握不同性质问题之间的界限，杜绝概念模糊，防止对信息的错误取用。比如物理上的动能守恒定理和动量守恒定理，既合又分的方法，两个问题在总体上是关联的，做题时两者便于兼顾，不至于只考虑一个而忽视了另一个；由于又有区分细则，两者又不至于混为一谈。当然这个"仓库"的建立是一个比较累的活，但绝不是一般人想象的编字典似的怕人。这种编码信息库储存的是知识要点，并非一应杂物往里塞。只有那些自认为难以掌握，或掌握不牢的难点、重点、易错点才建立完整的信息库。至于那些易于理解、掌握的知识就完全不必这样操作了。运用计算机的话来说，信息库中的重要信息，是储存在磁盘上的文件，而基础知识因为平时便于应用，储存在计算机内，可以随时调用。

②建立信息处理系统

对于一遇到考试就头昏脑胀的学生来说，手中有一套对问题的处理方法，许多问题便不那么可怕了。获得这么个貌似复杂的系统并不难，那就是首先要加大训练量。做题时做不出不要紧，但答案分析是万万不可马虎的，尤其是对得出答案的思维过程要特别注意。将成功的解题经验应用到解每道题上去，经过总结，逆向推出一整套接触信息初期便采取的分析处理方法。这个方法包括对要点的归纳、整理、类比、异同分析，联系平时解题时总结的规律，敏锐地捕捉到解题关键。这整个过程就像一个经常输球的乒乓球运动员，对着录像，琢磨输球的原因，终于找出胜负的关键，意识到"接发球"好坏是全局的前提，只有在初期对形势、信息便有很好的把握并有正确导向的球员，才能打好球。

③完善解决问题的方法

这属于电脑中程序执行的范畴。充分利用信息处理系统对问题的消化性理解，分清是调"内存"还是"外存"，假如是难点，则迅速将信息库中的内容协调起来思考。这时如果有一种似曾相识的感觉，便努力去找相关的第一特定的信息储存以打开思路；如果有陌生的感觉，则在信息库中充分进行开放性思维，把各种相关的信息联系起来，并结合信息库存中总结的具体问题的思维方法和信息组合方式进行思考。这种有指导性的思维方式具有很强的逻辑性，较一般的思维方法有质的飞跃。

④建立适时警告系统和检查系统

这又是一个术语，说穿了便是一种进行纠正、验错的套路。这是解决平时思路不正确、解题过程错误及粗心大意的有效手段。将平时所犯的各类错误进行归纳，大致掌握了各种错误发生的背景，这样做题时心里便有一个警钟在随时工作。有时对问题反复进行快速扫描，脑中对错误的深刻印象往往十分敏感，这样错误率就大大降低。即使做题很顺畅时，也能自觉地从旁观者的角度审视思维的正确与否。俗话说："旁观者清。"有时自己闷头做得欢畅，其实明白人一看便知思路从开始就错了。这种警告系统是基于平时的逻辑训练和思辨能力而采用的，其中重要的一环是逆向思维能力。逆向思维是进入旁观状态的很好方式，一有疑问，便重新进行信息分析、组合，得以较迅速地从错误状态中改出。逆向思维在验查结果时也大有用武之地，验查时先将思路回忆一遍，看是否有错误，然后再反推一下，并用常识看一下答案是否合理。

⑤推广运用

程序化思维这个名词看似适用于理科学习，但如果充分领会了电脑工作法，文科例如英文、语文亦可采用上述方法，只是步骤有些不同。针对英语的标准化命题，也采用标准化思维，按一定步骤进行选择，语文作文则利用信息库中储存的大量文学、艺术等知识，进行充分联想贯通，并用警告系统随时注意让大量材料为中心服务，同时通过选择、分类、整理，将材料处理删减，组织完工。

（七）有创见的思维

创造性思维是一种有创见的思维，对青少年来说，具有特殊的重要意义，因为创造性思维能力如何，决定了一个人能否在新奇事物或困难面前采取有力对策，决定了一个人能否独立地解决难题和在实践中有所发明创新。

中学生虽然不是发明家和科学家，但学习中也应敢于除旧图新，创造性地学习。这样才能学得深、用得活，逐步培养起自己的独创能力。创造性思维具有以下四个特点：

①入迷

阿基米德到老年时，他的祖国希腊与罗马发生了战争。罗马军队包围了阿基米德居住的城市。由于罗马军队长期围困，城内已弹尽粮绝。罗马军队开始攻城，此时阿基米德仍在屋里钻研他的数学。他沉浸在数学的思维海洋之中，竟没听到罗马士兵破城而入的杀声，也没听到同胞们的哀号声，他仍在平心静气地想着推动地球和各行星的那种伟大力量，正在画着一张图呢！

当一个罪恶的黑影忽然遮住了他的视线时，他才醒过来。"走开！你弄坏了我的图纸，快走开！"他愤怒地叫喊着，当他的喊声刚落，举在他头上的屠刀也落下来，阿基米德聪明的头颅落地了……

阿基米德一生有许多发明创造，人们分析他有超常创造力的主要原因在于入迷。

1990年7月中央人民广播电台广播的消息说：我国学生在世界中学生数学和化学奥林匹克竞赛中，都获得团体冠军，并分别获得5枚和4枚金牌。据介绍，这些中学生平日学习刻苦，有一股执著追求的精神，对自己喜欢的学科十分"入迷"。实践证明，"入迷"是他们发展自己的创造能力和取得成功的重要原因。

只有迷恋着事业并为之献出全部精力的人，才能有超常的创造力，创造出伟大的业绩。纵观历史，凡做出巨大发明创造的科学家，无不具备"入迷"的特点。

②求异

太阳围着地球转，还是地球围着太阳转，今天看来是个尽人皆知的简单问题。但在400多年前，哥白尼生活的那个年代，研究这个问题却要冒着极大的危险。因为那个时候一直流行着太阳围绕地球转的"地心说"，这种说法已成为神圣不可侵犯的"绝对真理"。谁要怀疑、冒犯，强大的宗教势力就会进行残酷镇压。哥白尼根据自己多年的观察、研究、计算，大胆地求异，推翻了地球中心说。

求异思维极易发展为创造，这是我们在培养创造能力时必须注意的一个方面。求异能帮助我们形成独特的观点和认识。

人们习惯在河堤上种树，以此加固河堤。有的科学家大胆求异，细心论证，认为这样做是不科学的。根据大堤断面剖析发现，虽然树的毛细根有一定的固土作用，但是风吹树摇，树的主根和大的支根又会使土壤松动；一些枯树留在堤内的断根残枝，腐烂后给大堤造成许多细小孔道，成为隐患。为此，黄河水利委员会最近决定，黄河下游大堤今后不再种树。

认识是永无止境的，只有以发展求异的观点去研究客观事物，才能达到不断创新的目的。作为中学生，要搞出重大发明，或提出新异观点比较困难，但在学习中发表自己独到的见解，创造自己独特的学习方法，则完全可能。

③发散

发散是创造性思维的特点之一，它使人们能沿着各种不同的方向去思考，它的产物不是唯一的，而是多种多样的，具有新颖性、多端性、伸缩性和精细性。

数学中的一题多解，外语中的一句多译，都属发散性的范畴。学习中注意使自己的思维发散开，就会思路灵活、开阔，而不致囿于一孔之见。

有人曾以"砖头有何用途"为题测验过一些同学，下面是学生们的两种答案：

第一种：砖头可用来盖房、铺路、建花墙、盖猪舍、搭鸡窝、修煤栏、盖车棚、立煤炉。

第二种：砖头可作建材，可作武器、尺子、染料、教具、火炉、雕刻原料、气功打击物、吸水物、装饰品、彩笔、垫托物。作为教具，在数学方面可计算3个面积，1个体积；在物理方面可算出比重、比热和3个面的压强；在美术方面，可讲光线、透视学；在化学上可讲烧砖过程中的化学反应；在语文教学中，可讲砖头那种甘当基石、无私奉献的"个性"；在政治经济学中，可讲国际贸易中高低档商品之间的关系……

从以上两种截然不同的答案中不难发现，后者具备了较好的发散性。一方面，能冲破"建材"的框框，想到许多方面。另一方面又能进一步发散，能精细地逐一列举用途，体现出思维的新颖性、伸缩性、多端性和精细性。

大量研究表明，一个人的创造能力如何，与发散思维有着十分密切的关系，中学生必须主动培养自己发散思维的能力。

由于传统教育的影响，我们的教学中多半注意培养同学们的"聚合思维"——即通过逻辑思维找出唯一正确答案的能力。问答题、选择题、填空题，许多考题都培养了聚合思维，这是传统教育不足的一个方面。作为有志于创造的中学生，应在发展聚合思维的同时，主动地培养发散思维，两种思维共同发展，才有利于创造性思维能力的增强。

④独创

"一把钥匙开一把锁"，这几乎成为家喻户晓的一句俗语了。可是有人觉得，整日随身带着钥匙太麻烦了，于是发明了声控锁。不久前，又有人认为把门"喊开"也比较费事，不如把门"看"开，于是"眼锁"就问世了。

原来，人的视网膜上有许多错综复杂的小血管，每人血管的分布状况各不相同，犹如指纹因人而异一样。这一特点，为发明眼锁提供了条件。

发明者在门上安装一个很小的接收信息的装置，房主对准它一看，它就可以鉴别主人视网膜上面成百根大小不同血管的分布状况，然后将信息输送给电脑，如果信息与原来储存的相同，门就自动开启。这种眼锁不但方便，而且极为安全，其保险系数为普通门锁的几万倍，可以说"固若金汤"了。 眼锁被誉为"锁中之王"。

这种最近推向美国市场的眼锁，具体地体现了发明者的独创性——以新的观点和方法认识、解决问题，从而产生了新结论，创造新事物。

创造性思维是创造活动的原动力，对一个国家的发展有着决定性的影响。世界一些发达国家，特别重视对本国青少年创造能力的培养。日本在这方面给予了特别多的关注，因而在资源匮乏、市场狭窄的不利条件下能独占鳌头，发展成超级经济大国。这与他们注重培养日本青少年的创造性思维是直接相关的。

再如学习中的例子：

有一位初三学生，努力改进学习方法，学习成绩不断提高，从一个普通学生变成了优秀生。他除在本班介绍学习经验外，还应邀到校外介绍经验。他的主要经验，就是创造性地研究学习方法，在向老师请教学习方法的同时，创造适合自己的学习方法。如他把化学中元素的化合价串起来，根据方言习惯编成顺口溜：

穷（氢）人（银）家（钾）哪（钠）一文钱（+1价），杨（氧）福（负）二（2）买了三头（+3）驴（铝）、四（+4）只龟（硅）。

这样的创造虽不尽完美，但体现出一位好学青年强烈的创造欲望。这种向往创新的意愿是最为难能可贵的，是青年甚至是国家、民族最需要的。因为千里之行，始于足下，伟大的创造渊源于幼稚或不成熟的创造尝试之中。作为中学生，我们应该认识到，"独创"并非只有优秀学生所能为，一般水平的学生也能做得到。上面介绍的事实就是例证。每位青少年都应努力培养自己的创造性思维能力。

第三章

三个"学习"要点

一、多读书，夯实基础

二、多思考，注重理解

三、多重复，温故知新

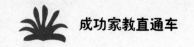

一、多读书，夯实基础

要想学习好，基础知识的掌握尤为重要，而基础知识就是指课本知识，这一点同学们一定清楚。但在学习中，很多同学却不重视课本的阅读理解，只愿意多做一些题，因为考试就是做题。实际上这是一种本末倒置的做法，应当说，课本与习题这两方面都很重要，互相不能替代，但课本知识是本，做题的目的之一是能更好地掌握知识。

（一）屹立良好的读书根基

对很多人来说，读书是生活中不可或缺的一部分。李仁武的家住在南麓，在人们看来，离市中心远了些，生活不够便利，但他却极为满意那里幽静的读书环境。他一向都是个钟爱读书、尤其追求在美的环境中读书之乐的人，在桂林上大学的时候，他就很喜欢在秋日的下午，携上一本书、一卷报纸，骑着单车到西山公园，找一片草地，静静读书到夕阳西下；在湖南岳麓山上，他也每每避开人群，带一本书一杯茶，到半山亭上悠然读书，至今还念念不忘那个读书的好地方。如今，栖居在云山湖水之间，远离繁杂与诱惑，他更将读书作为生活中重要的组成部分。

李仁武的书房是一间方正的居室，除了书之外，还有些有趣的摆件。案头摆着个根雕的老人像，那是他的心爱之物，不见得是出于名匠之手，却透着些深邃静气。读书累了的时候，李仁武会抬头与它对视，看到木雕老人对自己微笑，就好像在与他对话。

"阅读不是个被动接受的过程，而是思考的过程。"李仁武说，"在读书的时候，不能不假思索全盘接受，而是要在脑海里反思、疑问、争鸣、探讨、求得真正的理解，阅读的过程也是对自己思想的提炼、总结、静思的过程，只有读与思并行，才能让书中的养分沉淀为自己思想的一部分。"

（二）阅读引领人生的方向

从连环画开始接触到古典名著，阅读在"有用"的功利层面之上，还应该是快乐，是育养心灵的路径。"这一代人，从上学开始，就顶着压力去读书，考试的压力让他们无法享受阅读，只能是'被阅读'；走上社会之后，又面临着全面竞争的压力和恐慌，为了不在竞争中被淘汰、被边缘化，只能不断自我强化，但这样带着压力去读书，人是不痛快的。从压力、痛苦中走向快乐，是一种境界，在一个浮躁焦虑的社会，人需要能让自己宁静下来的能力。"

物质终会泯灭，叔本华说，人生中经验、洞见和知识才是真正的、永恒的祝愿。推荐大众读些哲理性的著作，如叔本华《人生为何不同》、米兰昆德拉《生命中不可承受之轻》、林语堂《人生不过如此》……"文化就是对社会、族群生活方式、思考方式的说法，归根到底关怀的是人，是对人生的把握与超越。读些哲学思维，对人生的理解多一些思考，明白没有绝对十全十美的人生，接受生命中的缺陷与不妥，以书为鉴，认识自己，看清自己，找到生活的方向，这就是我们常说的文化引领了。"

（三）真正的成功是提升生命的境界

对于畅销的"成功学"和各类"技能速成"书籍，我们应该接受一个观念：成功不是生命的必须。工具性、速成性的图书，可能在短时间提升读者某方面的能力，能起到立竿见影的作用，但我们要明白的是，技艺性、工具性的东西只是辅助，真正的成功仍要取决于一个人的内在素养、思想境界、眼光心境。这方面的培养是不能急功近利、无法速成的。"器"与"道"不可偏废，而一个人的成就，还是取决于"道"的境界。

当然，这种自我培养与提升，也不仅仅靠读哲学书达到。书法、中国画作品，都能熏染心境、开启智慧。有这样一本书，是关于砚的文化研究，对于研究哲学、制度伦理的人来说，或许是一本"闲书"。也许有人认为，阅读不要那么"有的放矢"，有某种需要才去读，应该保持一种淡然的心境。"站在大文化的基础上，找到属于自己的文化之根、兴趣之点，然后在这个基础上拓展阅读，是一种比较有益的方式。"

二、多思考，注重理解

"学而不思则罔"，思考是学习的灵魂。在学习中，知识固然重要，但更重要的是驾驭知识的头脑。如果一个人不会思考，他只能做知识的奴隶，知识再多也无用，而且也不可能真正学到好知识。知识的学习重在理解，而理解只能通过思考才能实现，思考的源泉是问题，在学习中不要轻易放过任何问题，有了问题不要急于问人，应力求独立思考，自己动手动脑去寻找问题的正确答案，这样做才有利于思考能力的提高。

（一）学会多思考问题

中国古代一位哲人说过："心之官则思。"毛泽东同志认为，人的重要特征就是能想。我们每个人都希望自己聪明、有智慧。聪明和智慧并不是神秘的不可捉摸的东西，其实就是经常思考的结果和表现。在信息时代和知识经济社会，人生的成功、事业的成败与否，在很大程度上取决于会不会思考、善于不善于思考。

多思考问题，会使自己变得睿智。医学科学揭示，正常人的大脑由 1 千亿个神经细胞组成，可以储存 1 千万亿个信息单位，而一般人在一生中能够利用的只有 10% 左右。因而对正常人来说，不存在脑子够不够用的问题，关键在于用不用、用多少的问题。由此可见，我们每个人其实都有聪明的天赋，只是能否开发的问题。生物进化论揭示的人体器官"用进废退"的基本规律，同样适用于人脑的开发和利用。只要我们多动脑多思考，我们的脑子就会愈来愈聪明。"愚者千虑，必有一得"，再愚笨的人，只要多思考问题，思想上总会产生一些耀眼的火花。

多思考问题，会提高自身解决问题的能力。人类的一切实践活动，都是能动的和积极的。每个行动，每干一件工作，我们都或多或少对相关的问题进行过思考。在很多情况下，思考问题往往要比解决问题所花的时间和精力多得多。可以说，解决问题是"一朝分娩"，而思考问题则是"十月怀胎"。把问题想清楚了，胸中有了成熟的计划或方案，解决问题就成为水到渠成的事了。多思考问题的人，必然会成为有才干的人。怕动脑筋、思想慵懒的人，一辈子恐怕都是庸才。

多思考问题，还能为解决以后遇到的问题储存能量和信息。人的大脑，并不只是简单的、机械的储存信息的器官。它具有将收集到的信息整合、集聚、进行有机联系产生新思维的功能，也具有将曾经思考过的东西再现出来的功能，更具有从感性认识上升到理性认识的功能。平时在工作生活中，对接触到的、听到的、看到的问题思索一番，多想想为什么会这样，如果自己遇到该如何去对待；如果有一天自己也遇到这样的、或类似的事情，不就早有准备了吗？"文革"期间，邓小平同志受到迫害，被发配到江西省新建县一个拖拉机修造厂劳动。在工作之余，他阅读了大量的马列著作和古今中外的书籍。读的过程也是思考的过程。他思考我们党和国家陷入那场浩劫的条件和根源，思考民主法制建设中存在的诸多弊端，思考社会主义的前途和出路，产生了许多新思想、新观点。早有学者研究指出，中国特色社会主义理论的许多观点，就是邓小平同志在这一时期思考产生，而后在推进社会主义建设的实践中发展的。所谓"临事不乱"的人，其实就是平日里思考问题比较多的人。只要经常思考问题，相信我们都会成为遇事拿得起、放得下，任何困难都挡不住的人。

多思考问题，会增添汲取新知识的动力。思考得多了，涉及的问题自然也就多起来了。"学然后知不足"，学习和思考后，才能发现我们在知识和能力上的缺陷和差距。这些问题涉及的知识，有的我们在书本上学过，有的了解一点儿，有的压根就不知道。知道一点儿但学得不深不透的，就得去翻书籍、查资料，使我们知其所以然。压根就没有接触的，今后肯定会留心这方面的信息和资料。如此积累，我们就会成为博学多才的人。知识经济时代，我们都知道知识是增强竞争力、获取事业成功的基石。但是，面对浩如烟海的知识和文化，我们往往不知道该学什么、从何处着手。多思考问题，为解决实际问题有针对性地去充实新知识，改善知识结构，不失为一种好方法。

多思考问题，会增强判别是非的能力。判别是非，主要决定于认识是否正确。产生错误认识的根源，往往是认识主体受经验主义的影响，按照思维简单地对某一问题形成看法。或者，从现象和表面看问题，人云亦云，自己的思想跟着别人跑。这些，都与自己不善于思考问题有直接关系。遇到一个问题、一种现象，如果我们坚持辩证唯物主义的态度，深入地思索一番，用自己的眼光去审视，就会形成自己独立的看法。虽然这种方法也受自己认识水平、客观事物内在矛盾暴露程度等因素的限制，仍然不是完全正确的，但一般而言，按照事情本身的是非曲直下结论，总会把错误限制在一定范围之内。

人之为人，最值得骄傲的在于能思考。失去思考力，如槁木，如石头，与无机物别无二致。革命领袖像毛泽东、邓小平等伟大人物，他们的思考，对于一个民族、一个国家、一个政党的发展和事业产生了重大影响。我们虽不敢与伟人相比，但只要思考过，常常有自己的看法、想法产生，那么，我们的脑子就会发挥作用，就能促进学业前进。

（二）主动思考，脑子越用越聪明

学习并不是被动地接受知识，要开动自己的脑筋去思考，这样才能举一反三，取得最佳的学习效果。

①独立思考从两方面入手

独立的思维能力就是指善于独立发现问题、思考问题和解决问题的能力，不盲目依从，不武断孤行。作为一名中学生，首先应该培养自己独立思考、自主学习的能力。所谓自主性学习，就是在老师的指导下，自己独立学习。在思考的过程中，遇到困难时可借助老师的点拨和引导，但绝不能依赖老师，不能什么都叫别人"告诉"，要在老师介绍的主要知识点上，自己开动脑筋提出问题、分析问题、解决问题，多思、多问，通过自己的脑力劳动去获得真知。

为了培养独立思考的习惯，你可以从以下两方面着手：

一是用自己的话讲知识。

经常用自己的话，把一段时期学到的知识讲出来，可以讲给父母或小伙伴听，讲得越通俗、越简单越好。把课本的话变成自己的话，需要一个独立思考的过程，长期坚持下来，你就会养成独立思考的习惯。

二是经常对各种题型整理归纳。

我们可以在做一定量题目的基础上，对题型分类整理，概括出每种题型的解题技巧和注意事项。通过这种独立的思考，以后再见到类似题型，就能够按部就班地得出正确答案。

如果你不善于独立思考，你就不能有效地运用各方面的能力，去独立地分析解决问题，特别是遇到新问题的时候。说得具体一些，许多同学在解题时不会独立处理问题，不是由于题目做得少，而是平时缺乏独立思考的能力和习惯。

②把思考贯穿于学习的各个环节中

在学习过程中应该主动地汲取而不是被动地接受，应该把思考贯穿于学习的各个环节中。比如，在课堂上，不应该只是把老师讲的内容死记硬背下来，而是要有"超前一步"的思维，即积极地思考，在心中回答老师的问题，或者是对于一个现象去思考"为什么"等问题。这样，一来可以提高理解的深度，二来可以全心投入到学习中去，少了分心、走神之虑。要进行这样的思考，首先要做好预习，预习是为了弄清老师下节课要讲的是什么、重点和难点在哪里、自己有什么地方不清楚等问题，明白了这些，才不会感到盲目和被动。

在每堂课结束后，最好再把这堂课所学的内容回忆一遍，这样做才能理清本节课的知识体系，加深自己对知识间联系的理解，从而更深入地理解所学的内容。

在做作业的过程中，要先重温一遍所学的知识，尽量自己独立思考，而不要依赖于课本或答案。做一些课外练习，可以拓宽知识面，加深理解。练习不是让"题海"越宽、越深就越好，最好既不要"原地踏步"，也不要"一步登天"，选择"跳一跳就可以摘到的苹果"，选择适合自己的，才会收到好的效果。

在学习中有疑问时，可以先积极动脑，自己尝试着解决。实在不能解决，再找老师、同学讨论。在讨论中不仅要弄明白什么是正确的，更要和自己的思路比较，看看哪里不同。

③ "听"与"思"要相结合

有很多同学反映：上课时老师讲的我都听了，为什么学习效果还那么差？最主要的原因就是这些同学上课时只是盲目地用耳朵在听，而没有让大脑来思考。所谓"学而不思则罔"，说的就是这种现象。

同样是听一堂课，为什么有的同学收效甚微呢？主要原因就是他们没有把"听"和"思"结合起来。要知道，听课的含义远不止被动地听老师在说什么。不要做一个被动的信息接收者，要充分调动自己的积极性，将自己的思维和老师的讲课过程紧密地联系起来，这样听课的效果才最好。

由此可见，在听课时积极思维、听思结合多么重要。那么，在课堂上如何进行思维呢？

第一，超前思考，比较听课。上课不仅要跟着老师的思路走，还要力争走在老师思路的前头。譬如，老师刚提出一个问题，就应主动去寻找答案，然后和老师的答案核对。自己想对了，老师再一讲，就记得更扎实；想不出来，或和老师的答案不一样，再听老师的讲解，自己的理解也会更深刻。

第二，从老师的讲解中舍弃那些非本质的表面材料，去粗取精，归纳出老师所讲内容的梗概，领会老师讲解的要点，并使这些内容与自己原有的知识结构融为一体。

第三，揣摩老师讲解的意图。弄清老师是在陈述一件事，还是在说明一种物；是在抒发某种感情，还是在发表某种议论；是在探讨某个问题，还是在提出某种疑问。

第四，体会老师在讲课过程中提出的有益的学习方法，并寻找合适的机会灵活运用它，以提高自己的学习效率。

给自己一个独立思考的空间。

要培养独立思考的能力，就要给自己一个独立思考的空间。

第一，创造一个思考的氛围。我们应该拥有自己的世界和空间，和同学、朋友一起开动大脑，共同思考，形成互动，创造共同努力、共同进步的氛围。

第二，学会创造性地思考。要有意识地养成追根究底的习惯，凡事都要问个为什么。同时要自己努力寻找答案，不要坐着等待别人来告诉你答案。要学会不断地探索谜底，钻研问题。

（三）敢于质疑，多问几个为什么

在学习中，不能简单地把学到的知识照单全收，应该独立思考，敢于质疑，这样才能培养自己的观察分析能力。

①学习中要有怀疑精神

我国清代"扬州八怪"之一的郑板桥，有一个有趣的故事。

郑板桥10岁在扬州兴化镇私塾读书时，聪明敏捷，善于思考，勤学好问，老师很喜欢他。一年暮春时节，随老师到野外游玩，不久来到一个石桥上面。郑板桥眼尖，突然发现桥下有一具女尸，遂喊："老师，你看，桥下有一个死人。"老师俯身一看，果然有一具青春少女的尸体在水中漂浮，恰被一块大石挡拦，未被冲走。再一详看，那女子上穿粉红衣，下系绿色裙，头上青丝随波动，面容未变，像刚落水不久。看到此，老师痛惜万分，遂赋诗一首。诗句是："二八女多娇，风吹落小桥。三魂随浪转，七魄泛波涛。"

郑板桥听老师吟完，十分恭敬地说道："老师的诗不对吧？"老师不由一惊。根据平时对郑板桥的了解，这个学生说话总是有一定道理的，便和颜地问道："哪点不对？"郑板桥说："你如何知道这个少女是十六岁？又怎知她是被风吹落小桥的？你怎么看见她三魂七魄随波逐浪翻转的？"问得老师无法回答。老师停了半晌才说："依你看，该诗如何改呀？"郑板桥想了一下，便改了几个字，诗成了这样："谁家女多娇，何故落小桥？青丝随浪转，粉面泛波涛。"这时，老师和同学们都称赞诗改得好。

郑板桥敢于怀疑，这的确是求学者良好的品质。古人云："为学患无疑，疑则有进。"现代的学生，应该像郑板桥那样，具备怀疑精神，凡事都敢于质疑，应该培养自己善于敏锐地提出问题的能力。

根据调查显示，那些在学习上获得成功的人，就在于他们具有怀疑精神，具有提出问题的意识，没有在知识与权威面前停止思考，从而走出了属于自己的天地。所以，是否具有怀疑精神，是否具有提出问题的意识，就是思维是否成熟的标志。

著名演员姜文在中央戏剧学院读书时，老师和同学们评价说："姜文是一个聪明的学生，但不是一个'顺从'、'听话'的学生，因为他坚持不做老师的'奴隶'，敢于质疑，于是培养了自己的观察分析和独立见解能力。"

上课时，老师们常常对学生们讲一些表演的原则、注意事项，对同学们的表演给予一些指导，应该"这样"，而不是"那样"。这时，姜文总是在琢磨："我可不可以那样演？"因为在他看来，没有多少事情是绝对应该"这样"不能"那样"的，什么事情都值得重新探讨和研究。所有的原则与理论都必须结合姜文这个"实际"才能发生效用，否则，便失去了意义。所以，姜文非常注意对自己进行有针对性的训练，从而摸索出一套切合自身实际的表演风格。

在思考中学习对姜文后来的成功产生了积极的影响。姜文毕业后在电影创作中，不像一些演员那样一切跟着导演的指挥棒转。姜文坚持"决不做导演的表演工具"，注重自己的体验，注重与导演商讨对角色的看法，最终使得表演达到最佳的效果。坚持不做导演的工具，反而使姜文能够大胆地发挥创造，赢得了广大观众的认可。

因此，学贵有疑。学习中通过思考提出问题，对掌握知识，训练思维非常有益。正如明人陈献章说："前辈谓学贵有疑，小疑则小进，大疑则大进。疑者，觉悟之机也。一番觉悟，一番长进。"

如果发现课文中句子有语病，那就提出疑问进行讨论。教材是人编的，课文是人写的，对教材的盲目迷信是不对的，有时甚至是有害的。它限制了我们的思维，扼杀了创新意识。孟子说的"尽信书不如无书"，也就是要我们有怀疑精神。无数事实证明：学贵有疑，有疑则进。要想在学习中取得好成绩，就得倡导一个"疑"字。

②多问几个为什么

好问，是打开知识大门的钥匙。同学们学习的时候，正是在求得一个个问号的解答中，探求到解决问题的新见解、新方法，从而一步一步进入知识的宝库。如果一个人从小对接触的知识，不提一个问题，不问一个为什么，那么，他的头脑就好像是一个不能点亮的灯笼，不能引进火种，也放射不出智慧的光芒。

看看一些学有所长的人物所走过的成长道路可知，他们无不把好问作为学习的诀窍：学问学问，一学二问；不学不问，是个愚人。周恩来总理小时候读书时，到老师那里去得最勤，问得最多，还经常和同学们一起互问互答，探讨问题，不断追求新思想和新知识。

好问，要以多思考作为前提。有的同学平时不用功，一碰到疑问就向他人请教答案。这种"懒思而多问"是不足取的，而应该善于向自己提出各种各样的难题，逼自己去认真钻研和反复思考，找出实在弄不懂的地方，再去问人，这样的学习效果才会好。

好问，还要有"打破砂锅问到底"的精神，唐代诗人杜牧曾在一首诗里写，学习不能像走马观花那样只看表面，要追根寻底，弄明白来龙去脉(大意)。确实，我们对自己不懂的东西，不能只满足问"是什么"，还要思考"为什么"，进而探索和追问"怎么样"。

以优异成绩考入清华大学的王怡凯同学说：在十余年的学习生涯中，感触最深、使他受益最大的是：少"嗯"、多问。

先说"嗯"。课堂上，老师讲得绘声绘色、津津有味，而同学们听得聚精会神，并不时发出"嗯！嗯！"之声表示理解或赞同，这大概是老师很满意的课堂气氛，同学们也很得意的听讲效果吧。可是，王怡凯却认为这样一味地"嗯、啊"随声附和、不动脑筋，并非一条十分有效的学习途径。他就常常把"嗯"后面的"！"变为"？"，凡事喜欢探个究竟而不轻易说"我懂了"三个字。

多问、少"嗯"，王怡凯同学总结出的这个学习经验十分形象。他举例说：

比如，语文课上，老师教讲解"移就"这种修辞方法，他解释说："移就即是把本来只修饰某种事物的词临时移饰与它相关的事物。"还举了一个例子："怒发冲冠"，说明其中"怒"本是修饰人的，这里移来修饰与人相关的头发，这就叫"移就"。于是他就想：这里的"怒"是否可以不看成"发"的修饰语，而看成被修饰的中心词，让"发上冲冠"作"怒"的补语呢？

又比如，在物理课上，老师讲"电动势"一节时告诉学生内压、外压之和为电动势。于是他就又想：为什么它们的和为电动势呢？是否可以把这看成一个串联电路，电动势即为总电压，内压、外压就是分压呢？老师还说，测内压时不能直接将导线接在正负两极上，否则测出的为路端电压。这时"为什么不能接""内压为何不等同于电动势"等一连串的"？"又从王怡凯的脑子里冒了出来。总之，老师说什么，自己并不附和，变"嗯！"为"嗯？"是他自以为很成功的学习方法。

③勇于自我质疑

在平时，许多成绩好的学生，往往不假思索就能很快地完成作业，这种学习方式是不会提高自己的思维能力的。要培养思维能力，就要勇于自我质疑，经常自我质疑。如："这一点我懂得了吗""我的答案为什么和标准答案不同""我的解法不是标准解法为什么答案相同""我错在哪里""还有什么新的解法没有"……这种自我质疑精神会帮助我们真正学会所学的知识。

在学习的过程中，也可进行自我质疑。如在学习开始之前，可自问："如何选读教材？"在学习之中，可自问："我这样思考、解答对不对？"在学习结束之后，可自问："我的学习达到目的没有？""这次学习我学到了什么？"这样自我质疑，可以学得更深更透，同时也能提高自己的思维能力。

三、多重复，温故知新

《论语》开篇第一句："学而时习之"道尽学宗。不断的重复显然是学习中很重要的一个方面。当然，这种重复不能是机械的重复，也不只是简单的重复记忆。每次重复应有不同的角度，不同的重点，不同的目的，这样每次重复才会有不同的感觉和体会，一次比一次获得更深的认识。知识的学习与能力的提高就是在这种不断的重复中得到升华的，所谓温故而知新也。

（一）制订个人复习计划

面临中考、高考，有的同学复习有条不紊，步步为营，学习很有章法。

也有的同学到总复习时，面对知识量大，常常顾此失彼。也有的一片茫然，什么都想抓可什么也抓不住。

两者复习效果差距很大，分析原因是多方面的，原因之一在于前一类同学善于制订切实可行的复习计划。

怎样制订复习计划呢？一般要注意以下四点：

①知识量

根据大纲和中考、高考要求，看看准备考试要掌握多少知识。

不妨打开书的目录，认真统计一下。

每个科目，要知道有多少章、多少节、多少道习题和多少个实验，这是最基本的统计。总复习制订的计划更重要的是要按知识体系重新编排知识量。

特别是语文学科，不能按课文顺序，一定要按"语文知识树"的体系重新编排知识量。因为总复习要按知识体系复习，往往要打乱原来的章节顺序。一般情况是，把属于同一中心内容的章节编排在一起复习，这样复习时，中心突出，收效大。

掌握知识量，不仅仅是一项简单的统计工作，还有一个分类问题、系统化问题。掌握了系统的知识量，制订计划时，心中就会有数。

对优秀学生来说，由于平时已搞过专题复习，对知识量分布已经了如指掌，总复习时只不过是再加工提炼一次而已。

有的同学直到总复习时，才第一次对知识进行分类和系统化，虽然晚了一些，但这样做了，还是能明显提高复习效率。

②时间量

对知识量有数，怎样消化、吸收这些知识，显然需要时间。

中考、高考要复习的内容多，而时间有多少呢？一般情况下，老师把课上大部分时间交给学生自己支配。有的学校，大部分时间是在老师的指导下进行复习，真正归自己自由支配的时间是有限的。

老师支配的时间要紧紧跟上，除此之外，只要肯挤，能用于自己支配的时间还是不少的。即使每天老师7节课全都安排满，一点不给学生自己支配，你在早自习还可有1小时，晚自习可有2小时，中午及下午倘若安排得好，也可挤出1小时。这样，全天用于自己支配的时间就能达到近4个小时，这是一笔很大的财富，精打细算，能做很多事情。

③欠债量

初中或高中几年学习过程中，哪些知识没学或没学好，自己心中要有数，要统计一份知识和能力的"欠账单"。

三年或更多年份形成的债务，很难在半年时间内全部还清，面对这份"欠账单"，你就要分辨一下轻重缓急，计算偿还每份债务需要的时间，再计算一下自己复习所能支配的时间总量。确定一下，哪些债务能够偿还，哪些能偿还一部分，哪些根本就不可能有时间偿还。先明确有所不为，才能做到有所为。一般说来，先要偿还那些小债务，先偿还有得分点的记忆性债务。

④老师复习的进度

总复习是在老师指导下进行的。因此，制订总复习计划时，个人的复习计划应当服从老师的复习计划。除了自学能力很强的同学外，一般不要自己另搞一套和老师不一致的计划。

掌握老师的总复习计划十分重要，如果你不考虑老师的计划，或不知道老师的计划，自己就是订了个人计划，结果也往往被老师的计划打乱。

有了以上4个数据后，制订个人复习计划就做到了心中有数，能够从这些实际出发了。

制订个人复习计划时，切忌平均使用时间。每个学生的情况不一样，各门学科的特点也不一样，知识掌握程度又不一样。对自己的弱科，难度大的学科，要多花点时间。

总之，4个数据清楚了，订复习计划就能做到不脱离实际，就容易实现。

（二）养成定期复习的好习惯

俄国教育家乌申斯基曾经把不能巩固的掌握知识比作喝醉酒的马车夫，忘记了所装载的东西捆在车上，也不往后看看，只是一个劲地往前赶路，东西颠簸丢了，也不知道，结果赶回家去的仅是一辆空车。

中国"熊瞎子掰苞米"的故事更是妇孺皆知。熊瞎子每掰一穗新苞米，便夹在腋下，同时扔掉了前面掰的。这样忙了很长时间，还只是有一穗苞米，以前的都丢了。老师、家长都用这个故事告诉孩子们要温故知新，定期复习。

捷克教育家夸美纽斯说："假如同一件事情常常得到重述，到了最后，哪怕智力最低的学生也就能领会了，这样，他倒能跟上别人；至于聪明一点的学生因为这样彻底精通了科目，也会感到喜悦。"

顾炎武是我国清代很有学问的思想家，他可以背诵147000多字的《十三经》。他的诀窍就是每年要用3个月的时间复习背过的书，每天200页，温习不完绝不休息。在旅行途中，自己骑在马上，随时随地默默背诵。读过的书，如果发现有背不上来的地方时，就赶快停下来，拿出来温习。

革命导师列宁记忆力惊人的原因，在于他从青少年到老年总是坚持经常、反复地阅读自己的读书笔记。他说，我不单凭记忆去解决，而是经常翻阅自己的笔记。单是列夫·托尔斯泰的《安娜·卡列尼娜》，列宁就读了100遍。列宁读过的《黑格尔（逻辑学）一书摘要》中，有许多醒目的眉批："注意，不清楚""回头再看！""要回过头再看"……

马克思在反复阅读方面，也可称楷模。他经常反复阅读歌德、莱辛、莎士比亚、但丁和塞万提斯等大作家的作品，而且能整段整节地背诵如流。他给自己定过一条规定：对希腊悲剧作家爱司启拉留斯的希腊原文著作，每年都要重读一次他的笔记和他所读过的书中做了记号的地方。

显然，要提高学习效率，必须紧紧抓住复习这一环节。怎样搞好复习呢？以下这些方法值得参考。

①复习时间、内容安排要适当。不要把相近的学科连续起来，这样容易感觉单调、疲劳，降低复习效率。还要注意劳逸结合。如思想家卢梭复习时，就能合理安排时间，他连续研究几个领域不同、难度各异的问题，使大脑得以调节和休息，从而保证整天用功而不觉疲乏。他早上攻读哲学，中午翻阅地理、历史。此外，还穿插一点体力劳动，以消除大脑疲劳。

②复习时要认真阅读教材和课堂笔记，认真做作业，在理解上下工夫。理解是记忆的基础，只有理解了，才能把知识记得住，记得牢。

③要以自己复习为主，要经常"过电影"，检查复习的效果。闭上眼睛，在大脑的荧光屏上放映各科知识的图像，甚至把重要章节的每一段文字都在大脑中一字不差地放映出来。

④总复习要制订复习计划，这样才不至于顾此失彼，才能高度集中注意力。阶段复习要及时、经常。教育家乌申斯基曾把记忆中的知识比作"建筑物"。复习应当是巩固建筑物，而不应当是修补已经崩溃了的建筑物。

（三）复习要扬长补短

复习和考试是不一样的，在复习的做题过程中，想尽方法要找出所有跟这道题有关的知识点，看自己有没有复习到。但考试是以结果论成败的，所以说在考试当中我们尽可能地多得分，怎样增加自己的得分是很重要的。有的同学有的科目比较不错，但有的科目成绩非常不理想。这说明突出的科目提升空间不大，而成绩不理想的科目提升空间很大。如果要尽可能快地提高分数，那么在时间分配上应当以"收获"最大为前提，把主要精力放在花费时间就能提高分数的科目上。这样的话，在最后的复习时就一定要有效地利用时间，好掌握的知识尽可能地得分，这样就能成功的把劣势转化为优势，达到扬长避短的目的。

当然，如果各科成绩都较为平均的情况下，那么把重心放在基础和中等部分，以题为主，特别是错题整理，这样就可以规避无效的复习时间，每一次复习都能有所收获，这样就渐渐地把分数提高上去了。

语文选择题的解题技巧：

虽然语文是带有一定的主观性学科，但是选择题是属于客观试题，要想解答好语文选择题，客观性思维还是非常重要的。

我们都知道，做语文选择题首先要审清题意，其次要有方法，比如采用直接法、比较法、排除法、代入法等答题。要注意相信自己的第一语感，不要轻易改动，相信自己的第一印象。那么有没有技巧呢？答案是肯定的，语文选择题也有很大的技巧性，下面这些技巧能够帮助大家提升做题速度和提高做题准确率。

语文选择题的原则和技巧：题目暗示原则、语言精确度原则。

语文纯考查知识点的题，最好能够先去排除迷惑选项。像病句题、词语填充题等，这么做有助于提高准确率。但是如何排除呢？很简单，假设你什么都不懂，由"试卷"表述信息，你认为说清楚什么事了，就基本无误，如果可能会让你误解，那么出错的可能性就非常大。也就是你把句子表述的意思（第一印象）得出后，看看有没有其他的解读，如果有其他的解读，那么出错率就较大。

例如：下列各句中，没有语病的一项是 [ ]

A. 先分裂后统一是无法通行的死胡同，分裂与统一不能共存，犹如鱼与熊掌，不可兼得。

印象解读：分裂统一像鱼与熊掌，明显不对。

B. 入春以来，长春市一些小贩走街串巷上门收购陈米、陈面，尽管价格低廉，每公斤有1元多钱，但生意做得很红火。

印象解读：小贩以1元多收购陈米、陈面，尽管价格低廉，但生意红火。"尽管"和"但"别扭。

C. 远古时代，地球上的某个角落，有一个部落，以狩猎为主，但知猎兽，不知捕鱼，更不知稼穑种植为何物。

印象解读：某个角落以狩猎为主，不知道种植。"角落"不会狩猎也不会种植，明显用错主语。

D. 简单是一种富足和从容，只有寒碜和自卑才需要泡沫的虚化和油彩的掩饰。

印象解读：简单是一种…… 只有寒碜和自卑才需要…… 比较通顺。

通过这种方式去解读，能解决这一类题型。

语文选择题命题中，因为命题的一些特殊性，可以被我们利用，特别是"序列差"。什么叫做"序列差"呢？有一些选择题，有双重序列，题干上有1、2、3、4，选项里有A、B、C、D，两个序列之间的矛盾，就是序列差。迷惑选项总是要"露马脚"的。前面说过，各人的知识情况都不一样，在各个考生眼里，迷惑选项"露马脚"的先后次序也不一样。找到一个"露马脚"的迷惑选项，就可以否定一两个选项；再找到一个"露马脚"的迷惑选项，又可以否定一两个选项。一个选项被否定，就造成了另一个选项的不可能，于是题干序列和选项序列之间互相映衬，互相"揭老底"，产生了空档，正确答案往往就出来了。这类题常见于选词填空题。

当然，在实在不会的情况下，我们也有一定的技巧：

比如字音辨析题，常见多音字标次读音正确的可能性大，形声字标不同声旁读音正确的可能性也很大。生僻字一般不会标错音，这时候用排除法是较好的方法。

比如字形辨析题，逐个审读容易出错的字，可以辨析出一些形近而音不同的别字。如果怀疑某个是别字，可以写出几个同音字或形似字来比较。通过分析形声字的形旁来推导这个字的含义，再放到这个词语中去判定是否相符。多使用结构分析法：字形结构及词语结构分析法。看词语不宜太长久，时间长了对的都像错的。

还有实词辨析题，重点分析理解不相同语素，可以通过组词来理解，也可以找出反义词来理解，还可以分析形声字的形旁来理解。语素都不相同的词语，重点从用法方面考虑。采用排除的方法，将最容易辨析的词语先排除，逐渐减少选项。

一些词语运用题，特别是虚词辨析题，主要是凭语感（即语言表达意思），可以造一些结构相似的句子来分析它的正误。其次是理性分析，一是虚词词典含义的分析，先分开解释，后组合理解。二是找出配套的关联词语，前后联系来确定虚词的含义；采用排除法，将最容易辨析的词语先排除，逐渐减少选项，同时也要做记号。

熟语（含成语）辨析题，第一，不能望文生义；第二，体会熟语的感情色彩；第三，要注意熟语使用范围，搭配的对象；第四，尽可能找出句中相关联的信息。正确理解熟语的整体意义，要注意语境的组合与搭配情况，越是想要字面理解的熟语越要注意陷阱。

病句辨析题，重点注意分析并列短语做句子成分与其他成分的搭配，可以将并列短语拆开逐一与其他成分搭配，验证其适当否。

（四）怎样复习可以提高效率

德国哲学家狄慈根说："重复是学习的母亲。"中外一切学有成就的人，无不重视复习。

目前中学生对复习的重视程度并不一样。据一份调查统计，重点中学优秀生课后能及时复习的有 77.2%，而一般中学学生课后及时复习的仅有 25.3%，"有时候复习"的学生占 59.5%，还有 15.2% 的学生"临考前才复习"。

这项调查还指出：优秀学生普遍重视复习，他们是"每天有复习，每周有小结，每章有总结"。一般中学生往往不注意复习，有的学生（尤其是初中生）连书都不看，就忙着做作业。这正是造成优生和差生学习差距与分化的重要原因。

怎样复习效率才高呢？有人总结六个要点：

①围绕中心，及时复习，巩固深化知识

复习的首要任务是巩固和加深对所学知识的理解和记忆。首先，要根据教材的知识体系确定好一个中心内容，把主要精力集中在教材的中心、重点和难点上，不真正搞懂，绝不放松。其次，要及时巩固，防止遗忘。苏联教育家乌申斯基说："与其借助复习去恢复记忆，不如借助复习去防止遗忘。"复习最好在遗忘之前，倘若在遗忘之后，效率就低了。复习还要经常，不能一曝十寒。

②查缺补漏，保证知识的完整性

我们平时学习中难免出现理解或记忆上的知识缺漏，通过复习，一旦发现缺漏就要及时弥补，加强薄弱环节，这样才学得更扎实。事实证明，凡是抓紧复习的同学，经常对知识查缺补漏，很少在学习上欠"债"，他们总能获得比较完整的知识。

③先回忆，后看书，增强复习效果

每次复习时，先不忙看书，而是把老师讲课的内容（包括思路）回想一遍，概念、公式及推导方法先默写一遍，然后再和课本、笔记相对照，哪些对了，哪些错了，哪些忘了，想一想为什么会错、会忘。针对存在的问题，再看书学习，必然留下深刻印象，经久不忘。这种回忆既可检验课堂听课效果，增强记忆，又使随后看书复习重点明确、有的放矢。对于课后复习来说，确能深化理解，强化记忆。

④看参考书，适当拓宽知识面

课后复习时还可看一些参考书。参考书要精选，不宜多，最好在老师指导下每科选一本。看参考书要和课堂学习同步进行，即围绕老师讲课的中心内容或自己不懂的地方，作为看的重点。还要和教材对照起来看，以掌握教材知识为主，适当加深加宽对书本知识的理解。参考书中的精彩部分，可取其精华，随手摘记。

⑤整理笔记，使知识条理化，系统化

边复习边整理笔记，是使所学知识深化、简化和条理化的过程。整理可以从三点入手：

第一，补充提示。补充听课时漏记的要点或复习时新的体会、发现，提示教材的重点、关键，或正确思考的角度、方法等。

第二，综合归纳。概括各知识要点，写出内容摘要。

第三，梳理知识。抓住知识之间的联系，理清条理，编出纲目。

⑥复习应注意的四个问题

第一，掌握好复习时机。及时复习比延迟复习效果要好，但也并非越早越好。复习的最佳时机要根据个人的学习习惯，根据课程的性质、难易程度而决定。听课较吃力，疑难问题多，就要及时些；当堂基本听懂，复习只是深入钻研，则间隔一两天，影响不大。课程概念、原理抽象费解，复习就应及时一点；讲课主要是叙述性内容，与书本内容一致，也可以间隔一段时间再复习。

第二，复习安排要合理。通常有集中复习、分散复习、穿插复习三种形式。课后复习宜于分散、经常进行。以记忆为主的学习内容，如英语的单词、语文的

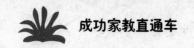

背诵课文，要依靠多次重复以强化记忆，应分散复习。阶段复习最好集中用整块时间，一次复习深透为好。当然集中复习又可将性质不同的课程（如史地、数理）交替安排，穿插复习，使大脑各神经区得到轮换休息，这样大脑的工作效率就会更高。

第三，个人钻研为主，相互讨论为辅。"独学而无友，孤陋而寡闻。"善于从集体讨论中复习，比个人冥思苦想的复习好处多。但讨论应以个人钻研、独立思考为基础，事先要有准备。讨论中也要开动脑筋，不能有依赖思想。讨论应有明确的中心，人数不宜多（两三人即可），而且要和个人的学习安排结合起来，才能起到促进复习的作用。

第四，复习方式要多样化、复习不应是机械地重复。除了背诵、抄写之外，还可运用自我提问、举例说明、比较分析、材料对照、绘制图表、编写提纲、做练习题等多种方式。复习中还要不断增添新的信息，把过去学的和今天重看的感受认识加以比较、分析、提高，发挥思维的灵活性和创造性，求得每复习一次都有新收获、新创见，充分发挥"温故而知新"的"知新"作用，这样创造性地多样化复习能明显提高复习效率。

（五）"四化"复习法

总复习中，怎样才能既进一步理解知识、活用知识，又从新的角度融会贯通，而不是简单地重读一次，有的同学采用消化、简化、序化、系统化的"四化"复习法，取得了显著的效果。

①消化

这是知识有效地存储的基础与前提。如果对所学的知识不理解，就谈不上真正的消化，而不消化的知识是进不了"信息库"编码存储的。如果只是"死记硬背"，机械地重复记忆，即使背得滚瓜烂熟，所复习的内容在我们的头脑中，也只能像油浮在水面上一样，不能同头脑中已有的知识融合在一起，这就会出现"消化不良症"。

要消化，就要从自己的实际出发，做到有所不为，才能有所为。复习时，回头一看学过的知识有许多很陌生，许多不会。此时如果急躁、贪多，什么都想学，想一口吃成个胖子，结果只能贪多嚼不烂，复习跟没复习区别不大。要治疗"消化不良"，就不能贪多求快，要从一点一滴做起，稳扎稳打，步步为营，宁肯少些，也要好些。

②简化

这是总复习关键的一环。所谓简化，就是前面所说的把厚书读薄。画"语文知识树"、"数学知识树"等方法，前面已经说过，就是一种把书读薄的方法。

简化的关键是将知识浓缩概括，将繁杂的知识简单化，零乱的知识条理化，相互之间逻辑化。经过加工整理，可以用简单明了的公式、符号和图表等多种形式，将知识纳入有机的体系之中；能把知识变成自己的，既利于记忆储存，又便于提取使用，运用时就能做到思路纵横伸展，左右逢源。

③序化

这是从占有知识到牢固储存知识过程中的重要一步。从某种意义上讲，"序化"的过程，也是对知识进行"集装"的过程。如同轮船装货，同样多的货物，用"集装箱"装比起散装来，所占体积要小得多，装卸效率要高得多。有条不紊地将输入的信号分别装入大脑的各个有关功能区，进行编码和存储。如果复习中能按各学科知识的内在规律与联系，进行比较、分析、分类、综合和小结，各种知识都可以有规律地进入存储系统之中。

④系统化

某些同学理解的系统化，就是经过查缺补漏，能全面系统地掌握知识。这跟前面说过的"简化"、"序化"有相同的地方。某些同学喜欢这样总结的复习经验，尽管在逻辑上有经不住推敲的地方。但这样思考久了，运用时间长了，便也不失为一种有效的、特殊的复习方法。

（六）三段复习法

第一段（3 月至 4 月份）是系统复习阶段。一般是把所学知识系统地复习一遍。这一遍着重是狠抓"双基"，吃透教材。

复习不是重读课本或强记定理和公式。如果你平时学习方法得当，那么只需要翻阅一下笔记，或读一下课文画线、做标记的内容就行了。

然后，要对主要内容、观点和论点进行概括和总结，再按照一定的逻辑体系，融会贯通地组织材料，做到纵向联系成一线，横向联系成一片，不仅搞清每个原理的来龙去脉，而且使知识系统化。在掌握知识内在联系、加深理解的基础上，再运用原理和公式解答各类习题。

第二段（5 月初至 6 月中旬）是查缺补漏阶段。针对自己的薄弱环节，再打一次歼灭战，使自己的知识整体化，做到无较大缺漏。

第三段（6 月中旬至 7 月 3 日）是最后回顾、贯通、巩固和运用知识自测的阶段。

这三段就一般情况而言，不是绝对的。要注意两点：一要与教师的辅导尽可能相结合。二是要从自己的学习实际状况出发，与自己掌握知识的实际情况相结合，不能千篇一律。

（七）三步复习法

有的优秀同学介绍了自己学习使用过的三步复习法，许多同学觉得有参考价值。

第一步，全部学科的总复习。

①列出重要内容一览表

为了便于记忆和应用，你要把重要内容列成一览表，将其纵横关系整理清楚，做到一目了然。

一览表可以一张张分别做，也可以综合在一张大纸上。对于那些需要背诵的、互不连贯的内容，则可以使用卡片来记忆。这一阶段的工作，主要是整理一览表和卡片，在以后的阶段复习中，只要不时地加以使用便可以了。

②消除疑点

在完成了"整理"工作后，就应开始实质性的复习了。这时候往往会遇到一些疑难问题。一般来说，这类问题大多是有关考试的"关键性问题"。一定要理解深透，如果能以这类问题为中心开展相互讨论，必然大有好处。比如讨论中，你无法扼要说明问题，这就表明你对那个问题仍未彻底解决。

第二步，全力突破成绩不佳的科目。

这一步的主要目的是突破成绩不佳的科目，但这并不是说其他科目可以丢开不管。

①重点在于做练习

这个阶段的复习重点在于做练习，以训练应用能力。像数学、物理等学科，可以使用习题集之类的书。所做的练习，要和教材的基本内容有关，并参照有关的一览表。

语文、英语等学科，要以教科书为中心，反复练习读法、译法、语法等。这些学科的知识范围较宽，复习时应把思路放开些，把有关的知识联系起来进行综合练习。

②征服较差学科的方法

征服较差学科，最重要的是巩固基础。基础不扎实，却猛看各类参考书，或是做各种很难的练习题，不但浪费时间，效果还不会好。关键是应真正掌握基本的概念、公式、定理等。

复习这类学科，最好是与擅长这些学科的同学一起进行，这有利于你在短时间内提高成绩。

面对一门学科，你也不能平均使用力量，可以把了解的部分做一般的复习，把主要精力集中在加强薄弱环节上。

第三步，各科重点复习。

临近考试的冲刺阶段，心情比较紧张，这时怎样复习效率高呢？

①把教科书的整个体系印在头脑中

在复习的第三阶段，你可能已经将教科书的内容复习多次。但有些地方是花了很多时间重点复习过的，有些地方是轻描淡写一扫而过的，对全部教科书之间的联系，还没有一个整体的概念。如果不把这些零散的知识按一定的顺序整理成一体，临到考试，由于前后左右的相互关系不尽明白，就难以运用自如。

怎样才能把每门课的体系印在脑中？

你要把第一阶段整理的知识系统一览表拿出来，再专心地看一看，将内容按顺序和它们之间的关系记在脑子里。

记忆的时候，光看是不能完全解决问题的，你至少要把重要的项目背出来，写在纸上。对总的线索有所了解后，其他内容顺藤摸瓜，按逻辑顺序充实，不必那么费劲就记牢了。

②由近而远的复习策略

考试的最后冲刺阶段，一般人往往按考试范围的顺序，"由远而近"地复习，即先复习某一学科的第一册，从1、2、3、4页开始，再复习第五册、第六册。这样复习有好处，开始很用功、很周密。但也有的同学随着时间越来越紧，越往后，越松垮，最后匆匆结束。还有的一看时间不够用，便抱着听天由命的态度，或干脆把后面部分省去，以"碰运气"的侥幸心理来对待考试。

其实，后面部分的内容和前面相比，是对前面知识的综合，难度也高，出题的可能性当然也大。既然如此，却把大部分时间花在前面的内容上，便有些得不偿失。

另外，后学过的知识复习起来印象还比较深，回忆起来，比较省时间。

后学的知识一般综合性比较强，常常牵涉到前面的知识，这样在复习后学的知识时，遇到以前学过的较模糊、拿不准的知识，再随时往前复习，容易使前后知识联系起来，两者都加深了印象。

总之，临近考试的冲刺阶段，对重要内容，先复习最近学过的，然后再一步步向以前学过的知识延伸，这样复习，效率更高些。

（八）几何锥形复习法

诺贝尔经济学奖获得者，美国的西蒙教授曾经说："对于一个有一定基础的人来说，他只要真正肯下功夫，在 6 个月内就可以掌握任何一门学问。"

这话是有一定的科学根据的。心理学的研究成果表明，一个人 1~1、5 分钟可以记忆 1 个信息块，而每一门学问，估计大约包含 5 万个信息块。如果 1 分钟记忆 1 "块"，那么记忆 5 万 "块" 信息，大约需 1000 小时；以每星期学习 40 小时计算，掌握一门学问，大约需 6 个月。

所谓锥形学习法，就是选定专一的学习目标，集中时间，集中精力，攻其一点，务求突破。

运用锥形学习法之所以会取得那么高的学习效率，道理就在于：其一，排除了干扰，减掉了无效劳动，减少了犹豫、拖拉的时间。其二，在一段时间内，用 "大运动量" 的学习，集中一点，强化刺激，促进了记忆。其三，学习节奏的加快，缩短了新知识与旧知识点的联系，促进了新旧知识融会贯通，促进了知识结构的建立。

锥形学习法适用于学习一门新知识，当然也适用于复习一门已经初步学习过的知识，假如你能把总复习时间分成几个阶段，每一阶段集中精力，突破一个学科，尤其是自己原先认为没有把握的学科，一定会收到满意的效果。

（九）"趁热打铁"复习法

这是通过及时复习，克服遗忘、强化记忆的方法。它在课后复习中广泛使用。最为常见。

科学实验表明，人们记忆学习材料后，在 3~7 天内遗忘最快。一般来说，在 9 小时以内，趁着头脑里还有些记忆痕迹时，花 10 分钟复习的效果比在 5 天或 10 天以后花几小时复习的效果还要好。及时复习，就要赶在遗忘之前，在记忆犹新的时候，"趁热打铁"，可以收到事半功倍之效。

这种复习方法的一般步骤是：

①每天晚上用一定时间，对当天所学的新课做一次复习。可以先回想，重温新课的主要内容，再翻开课本或笔记本核对，深入理解。

②复习后再做作业。通过作业练习，深化理解和运用新课的知识。

③对记忆难点（如英语单词、语文背诵课文等）在当晚临睡前或第二天起床后再花少量时间，加以复习巩固。

运用此法有两个要点：

①贵在"及时"。要把握学习的有效时机，养成"今日事今日毕"的好习惯。

②遵循学习规律，坚持先复习后作业。即使没有书面作业，也应坚持复习。

（十）"旧路新探"复习法

这是一种变换阅读和思考顺序的复习方法。

机械、单调地重复同一知识，往往使人生厌。"旧路新探"法适当变换复习顺序，采用"顺逆交错"的方法，能给人新鲜感，易有新的发现，复习效果增强。

运用这种办法有三个步骤：

①逆思

从教材最后的章节开始，从尾到头地逆思，默忆一遍教材的主要内容，溯本求源地探索它的知识脉络。

②顺读

从头至尾地依顺序读教材。由因求果，理清它的内在联系及发展线索。

③顺逆交错思考

上述"顺读"、"逆思"反复多次，交错进行。这样执因求果、溯本求源的交错思考，极有利于掌握教材的结构特点，弄清知识的来龙去脉，既能巩固深化理解所学知识，又能理清思路，学习思考方法，独立探索问题。

运用这种方法要注意：

①读思结合。逆思与顺读要互相照应，对记忆不牢的内容，再读时要重点复习，强化记忆。复读不懂的问题，要叫"暂停"，多思深究，及时解决。

②贵在出"新"。这种复习不能只满足于回忆起所学知识，而要透彻理解，融会贯通，力求有新的体会，新的发展。

（十一）编写"错题集锦"

"人不该在一个位置上跌两次跤"，意思是应及时吸取教训，及时分析失误的原因，及时改正，不在一个问题上犯两次错误。

事实上，"人常常在一个位置上跌两次或更多次跤"。有相当数量的同学，一个错误常常一犯再犯。

平时自测，或老师组织的小测验，期中、期末试题，每次考过之后，就把做错的题重抄一遍在"错题集"上，错误的答案和正确的答题过程都要写上。必要时，还要写出错误原因。

人们认识事物的方法和能力有很大差异。但纷繁复杂的差异中又存在着若干普遍规律。这就决定了在一些情况下，人们很可能要犯某种"典型错误"。

中学生因受年龄特征、学习基础、生活习惯等条件的影响，常犯一些典型错误，例如：许多中学生因受汉语习惯的影响，学说"中国式英语"，如初中学生把"他比你高"说成 He taller than you(应是：He is taller than you)，这类汉语习惯的干扰很难排除。

据调查，只有 4% 左右的中学生能在作业中通过 5 次纠正错误，基本排除汉语对某一外语语法知识的干扰作用，有 90% 左右的学生需通过 10 次以上的更正才能排除汉语的干扰作用。

这说明因汉语习惯干扰而产生的外语错误是多么典型，多么难改，要战胜各科上的"痼疾"，编"错题集"是有效的办法之一。

"错题集"一般这样写：

科目：数学

题目：若 $|a|=-a$ 成立，求 a 的取值范围。

错误：当 $|a|=-a$ 时，$a<0$

正确：$a \leqslant 0$

原因：概念不清。

科目：化学

题目：下列反应能否发生

$Cu+H2SO4=CuSO4+H2\uparrow$

错误：能。

正确：不能反应。

原因：因记忆错误不能灵活运用金属活动性顺序的知识。

科目：物理

题目：质量 0.5 千克的锤子以 25 米／秒的速度打在铁块上后，又以 10 米／秒的速度弹回，设接触时间为 0.02 秒，求锤子对铁块的平均作用力多大。

错误：取竖直向上的方向为正方向，则 Vo=−25 米／秒，Vt=10 米／秒，根据动量定理 F·t=MVt−MVo。

又因为锤子对铁块的平均作用力与铁块对锤子的反作用力是大小相等的，所以锤子对铁块的平均作用力是 875 牛顿。

正确答案：动量定理中的 F 应是研究对象所受的力。在锤子重力不可忽视的情况下，F=N−mg，所以铁块对锤子的弹力 N=F+mg=875 牛顿 +5 牛顿 =880 牛顿。由于作用力与反作用力大小相等，因此锤子对铁块的作用力应是 880 牛顿。

该错误是由于对动量定理理解不深造成的。

这样的"错题集"，优秀学生一学年五个学科加在一起，写不了 100 页。复习的时候，他们先看"错题集"，把"错题集"上的题再做一遍，这样，用时少而复习效率高。后进学生每次考试丢分多，"错题集"量太大，他想都改，结果顾此失彼，每况愈下。

（十二）录入"学习病历"

我们到医院看病，要填写"病历"。身体上有病，填"病历"。学生思想上有了病，也引导他填"心理病历"。学习知识有了缺陷，也引导同学们填写"学习病历"，以使纠正错误变得生动有趣些。下面是同学写的一份"学习病历"：

疾病名称：字词，课后题记忆缺陷。

发病时间：已有一年半之久。

发病原因：一拿起书来，便认为自己什么都会了，背得马马虎虎，复习密度不够。

治疗方法：端正学习态度，使用快乐学习法。背课后题不像背课文那样能享受到美好的境界，但可以把课后题当成一项游戏，和小孩子们玩的搭积木游戏一样，越玩式样越多，越新鲜，越好玩。背字词按理说不难，可是每当我背起它们，总自以为是，认为自己什么都会了，有时兴趣来了，一狠劲钻进背诵中，把字词背得好熟，可事后不复习，对一般的测验也是敷衍了事，到考试时才尝到苦滋味。今后背字词，利用早晨背一些，晚上再复习一遍。

几个疗程：2天连续坚持，隔1天再继续重复，如此治疗，每天用90~100分钟，大约10天，整册书的字词、课后习题可较准确地记忆。

一些中等生和后进生每逢大型考试公布分数之后，面对不理想的分数常常发愁、难过，还有的掉泪、焦虑。他们不是把力气用在分析原因、制定措施、争取下一次进步上，而是用在对自己丢分太多的忧虑中。

其实，每次考完，都应诊断一下自己丢分的原因，可将其大致分为三类：一类因记忆不扎实丢分；二类为本来自己会做，只是因为笔下误答或心算失误丢分；三类为很难的题，确实因不理解而丢分。一般说来，同学们丢分大多是前两类原因、前两类病症，只要肯努力、多练，是容易医治的。这样分析，便增强了信心。

（十三）不用橡皮纠错法

日本著名教育学家系川英夫，曾将300名学生分成两组。一组可使用橡皮涂改作业中的错误，另一组只许在错处用红笔打上"×"。

结果人们惊奇地发现，使用橡皮的那组学生，在作业相同的情况下，其差错出现的概率比后一组高出 30%。

系川英夫认为，在学习过程中，学生很容易为新异、醒目的刺激所吸引。用红笔给错误打上"×"，把犯错误的教训保留下来，对帮助学生吸取教训是十分有益的。

如果再让学生在错误旁边写上正确的内容，使其进行正和误的鲜明对比，则又能进一步帮助学生用正确知识去改正错误。

这种"不用橡皮法"对强化记忆和理解作用显著。用橡皮把错误擦掉，除能保持作业整洁外，似乎再无优点。权衡利弊，还是"不用橡皮"为好。

介绍这种方法的目的在于更好地战胜错误，而并非提倡"马虎"，有时使用橡皮也是必要的。提出"不用橡皮学习法"，是为了帮助同学主动战胜错误。

系川英夫提出"橡皮——学生思维发展的障碍"这一观点后，引起许多人的重视。我国也有多家报刊予以转载，有的地方还进行了实验，均获得了良好的实验效果。我们学用此法，要因人因年级不同而取其精华，灵活运用。

第四章
三种“学习”精神

一、不唯书
二、不唯师
三、不唯一

一、不唯书

古人云："尽信书，不如无书。"在我们的学习中，教科书是我们学习的重要材料，学好课本基础知识是毫无疑问的。但是，这里应当明确两个问题：一是科学总是发展着的知识体系，我们所学的知识和方法不可能都是毫无缺陷的。这就需要我们多动脑筋，在思考的基础上敢于怀疑，大胆探索，提出我们自己的观点和看法。二是人们对事物的认识过程总是多次反复才能完成的。也许我们的怀疑是错误的，我们提出的观点和见解是不正确的，但正是从这种错误与正确的交锋中才能获得正确的认识。一味死记硬背，即便把课本背熟了，也难以灵活运用。所以，我们提倡不唯书，并不是为了否定课本，而是为了培养一种创新精神。

（一）学习的高效方法在于筛选

有的同学让家长买了多本中外世界文学名著，要读完；订了几十种杂志，想全看；买了钢琴，要会弹；买了多种健身器材，想全练；买了多种棋类，买了颜料画板，买了最新型号的电脑……想成为全才，想样样精通，结果呢？一样也不精。想学的太多，战线过长，什么都想抓，结果什么都没抓紧，甚至可能什么都抓不住。

"吾生也有涯，而知也无涯。"古代人尚且知道这个道理，现代人更应该明确，应该牢记：自己的生命在浩茫的宇宙空间极其渺小，在悠长的历史长河中极其短暂，而未知的世界无比宏大，待探索的课题无比深远。现代社会的人都要有勇气，也应实事求是地说："在我专业领域之外的领域内，我很浅陋，无知。"

为什么？人生太短暂了。

其实，一般人一生有效工作时间只有 1 万天。按咱们中国每天 8 小时的工作制来算，有效工作时间仅仅是 8 万小时。

因为每周 5 日工作，每年 52 周，则为 260 天，去掉节假日，若按 20 岁参加工作，60 岁退休计算，则一生工作 40 年，合计为 1 万天。

孩子的学习时间是多少呢？如果从 1 岁开始学习到 20 岁，那就是 20 年，共计 5000 天，4 万小时。

两者相加，有效学习和工作时间才 15000 天，12 万小时，720 万分钟，43200 万秒。

这确实是很有限的，尤其是面对信息量极大的现代社会。

单说读书吧。不要说科学类、技术类的书籍，单是文艺类的书籍中的小说，据统计，中国各级作家协会共有作家万余人（这是保守的数字）。如果这些作家每人一辈子只写一部长篇小说的话，一个学生不读外国人的小说，不读古人和去世的作家写的小说，只读这些活着的作家写的小说，别的什么事都不干，2 天读完 1 部小说的话，那么从 1 岁开始读，读到 70 岁，也还是读不完。

再说报纸杂志。据《光明日报》报道，仅中国报纸杂志到"十五大"召开前，公开发行和内部发行的总计已达 26000 种，一个学生每一种杂志或报纸只要看一天，看到 100 岁也看不完。

过去人们总认为"读万卷书，行万里路，交一万个朋友"这话说得有道理。但这是一个人的生命所不允许的。走万里路还可以，5 分钟 1 里路，万里便是 5 万分钟。

读万卷书便成了问题，世界文学名著《红与黑》是 52 万字，朗读一遍，来不及思考便是 42 小时。这样的小说，人一辈子什么事都不干，从 1 岁到 60 岁还朗读不完 3000 部，更不要说读科技类等难懂的书籍了。

交 1 万个朋友就更成问题。每天什么事都不做，时间全都用来交朋友，平均每位朋友只能相处 1 天半的时间，朋友再有困难您也不可能帮助了，因为你没有生命了，你说这够朋友吗？

也许有的同学说："人的脑子有巨大的潜力，有 140 亿个脑细胞，最伟大的科学家也只不过用了 10%，我们可以开发潜能，多做实事。"

其实，那只是激励那些认为自己脑子不够用的学生发奋学习的一个理论数据。

事实上，人的脑细胞很难都得到工作的机会。人对自身的认识，尤其是对大脑的认识还很肤浅。但就目前来看，对一般人来说，能够把 10% 的脑细胞用好已经很难了。10% 就是 14 亿个脑细胞，如果 1 个脑细胞只给 1 秒钟的工作时间，那么一辈子也用不了 10 亿个。

人的生命确实太短暂了，人用自己的全部生命，什么事都不做，只是听取别人的建议，那么目前活着的中国人只要 1/5 提建议，你逐条去听，还没听到 2 亿条意见，生命就结束了。

人的生命是常量，知识、信息却是变量。现代社会信息量成倍增加，有一项统计数据表明：自古希腊以来，我们世界累积的信息估计已经增加了 1000 万倍，到 22 世纪很可能还会增加 1000 万倍。这只能意味着更高度的专业化和文艺复兴时代理想完人的死亡。

原始社会的人穴居山林，面对有限的信息；农业社会的人，步行前进，面对周围信息多了许多倍；工业社会的人，乘着马车奔跑，面对世界日新月异；信息社会的人，如同乘高速列车奔驰，外部世界分分变化，秒秒不同。知识爆炸，信息骤增。五花八门的媒体，乱七八糟的信息，滚滚而来的知识，争先恐后地想挤入人的大脑。

现代人必须有极强的筛选能力，才能抵挡得住无效甚至有害信息的干扰、冲击，才能从纷纭芜杂的信息中选择到真正有益于自己的信息。

首先，不能以全知全能的标准来要求自己。要认识到，在现代社会，有的问题自己可能是内行，更多的问题自己一无所知，这样才能避开那些乱七八糟的信息的干扰。

其次，要注重基础。社会不管怎么变，信息量不管怎么增，一些基础的东西也不能丢，一些基础的知识对所有的人来说都是重要的，例如：德育方面，人们对真善美的追求，远大的理想，宽阔的胸怀，坚强的意志，必胜的信心，是古代人就追求的，再过1万年、1亿年，也是人类共同追求的，至于追求过程中有的人给它起了"非智力因素"、"情商"这些新名词儿，你有时间就去研究，没时间，只记住那些朴素的智育内涵就可以了。智育方面，文字，词汇，加减乘除，物理化学的基本公式……政治、经济、地理的基本知识是每个现代人都要掌握的，基本的知识没掌握，千万不要忙着去猎奇。主干的知识没掌握，不要忙着去研究一道道的叶脉。

最后，在"专"的前提下，再去"博"。对自己特长的学科钻进去了，钻得深了，才会在现代社会站稳脚跟，找到自己为人类做贡献的立足点。有了这个立足点，再多学一些专业知识，才有意义，有价值。

（二）循序渐进，打好基础

有人在中学就学量子力学，算不算雄心壮志？这可能太早了些。不了解力学，不了解微积分，而自以为可以读懂量子力学，这是不可想象的事。我们要扩大眼界，但是先不要忘记自己的知识水平。学习必须踏实，不能踏空一步。踏空一步，就要付出重补的代价；踏空多步，补不胜补，就会使人上不去，会完全泄气。

苏联心理学家巴甫洛夫说："要循序渐进。我一谈起有成果的科学工作者具备的这个重要条件，总不能不感到心情激动。要循序渐进，循序渐进，再循序渐进。你们从一开始工作时起，就得在积累知识方面养成严格循序渐进的习惯。""如果还没有充分领会前面的东西，就决不要动手搞后面的东西。"

我国著名数学家张广厚上小学时，算术成绩比较差，没考上初中，但他不因此而自暴自弃，他深信天才是勤奋，所以"笨鸟先飞"，重新学习小学算术，一点一滴打基础，以双倍的精力补上了小学的算术，打好了基础，考上了初中。到了中学后，他不企求在科学的道路上找到什么"捷径"以便一步登天，也不幻想有朝一日"眉头一皱，计上心来"，搞出什么"创造发明"，而是以只争朝夕的精神，一步一个台阶地苦练数学基本功，终于考上了北大数学系，得到了继续深造，成了我国著名的数学家。

无产阶级革命家董必武，67岁时重新学习俄语，他把生词每5个写在一张卡片上，风趣地称作1个小队，10个词称为1个中队，20个词称为1个大队，两个大队称为1个连队。他先从小队学起，然后进入中队、大队、连队，在有限的时间里，竟牢牢记住了10500个单词，掌握了俄语。

意大利文艺复兴时期的著名画家达·芬奇从师学画，老师天天叫他画鸡蛋，开始他有点不耐烦地问为什么总是让他画鸡蛋，什么时候才能画完。老师说，别以为画鸡蛋容易，其实1000只鸡蛋里头没有2只相同的，即使是同1个鸡蛋，只要换一个角度，形态也不尽相同。例如把头抬高一点，这个鸡蛋椭圆形轮廓就有差异。所以要在纸上准确地表现出来，非下一番苦功不可，这个基础必须打好。基本功要练到画笔能熟练听大脑指挥，得心应手，才算功夫到了家。达·芬奇听了老师的话，更加刻苦地画鸡蛋。经过两三年时间，把基本功练得相当过硬，终于成功，创作出如《蒙娜丽莎》《最后的晚餐》等举世公认的杰作。

遵循循序渐进的原则，应从以下几点入手：

①认识循序渐进的特征

学习要从感性到理性，从具体到抽象。学习知识尽可能先感知那些看得见、摸得着的事物。小孩子看图识字，中学生上实验课，都是先从感性、直观具体的实物开始，然后再从中抽象出共同的本质属性。

学习要从低级到高级，由简到繁，由易到难，由浅入深。前一部分知识是后一部分知识的阶梯，只有踏踏实实，先从1234、ABCD、加减乘除学起，从最基本的功夫练起，才能打开科学大门。

②按照科学知识的逻辑体系学习

任何一门学科都有各自的结构体系，任何知识本身也都有严谨的逻辑序列，体现着由低级到高级，由简单到复杂，由具体到抽象的逻辑层次，我们必须按照由易到难、由简至繁的结构顺序一步一步下去。当走得太快了深入不下去时，不妨回过头来看看过去的知识，常常会有"柳暗花明又一村"的感觉。

③按照人的心理发展规律组织学习

儿童随着年龄的增长，大脑也逐渐发育成熟，中学生的身心发展正处在人生最关键的阶段，接受能力还有一定的限度。如果不考虑个人的心理、生理条件，不科学地加班加点，在题海中挣扎，在过多过滥的复习资料中搏斗，这样不但不利于学习，还会使自己的身心都受到伤害。

（三）不动笔墨就不读书

有的中学生喜欢读小说、中外名著，几十部上百部地读，但别人问他这些书主要观点好在哪里，差在何处，他却张口结舌，无言以对，努力搜索，感觉如枯肠。这样读书，自己的脑子只起了一个漏斗的作用，读得再多也只是过了一遍，没留下什么东西。

要把读过的书变成自己的东西，就得学会做读书笔记。俗话说，不动笔墨不读书，最淡的墨水也胜过最强的记忆。

富兰克林说：读书之时，宜备笔记与小册子，遇新奇有用之典故词句，即用简短之语摘抄在上面。这个办法有三点好处：一番手抄，凝神酌句，记忆更牢；日后行为演说，可以引用；即使没有实在效用，也可增加社交趣味。

马克思为写《资本论》，阅读和摘录了 1500 多本书，共做了 65 本笔记，仅经济问题的摘要和批注就有 800 多页。他对当时 70 位经济学家的著作，几乎都作了详细的摘要，他读书时，常常折叠书角，画线，用铅笔在页边空白处画满记号。他用画横线的方法，能够非常容易地找到自己需要的地方。

清代杰出的文学家蒲松龄快到 40 岁时，才开始从事文学创作。因家境贫困，没有书就借书，借到的好书，他就抄下来，反复读。他认真听，认真记录民间流传的怪闻异说，积累了大量笔记资料。经过 20 多年的搜集、整理、加工，反复修改，直到 70 多岁，才写成《聊斋志异》这部杰作，成为中国文学史上的著名作家，并扬名国外。

怎样做读书笔记呢？大致有以下几种形式：

①原书空白记。如果书是自己的，看到重要的地方，或者自己体会深刻的地方，随时随手在书页空白处记上要点，加上批注，写上感想。

②画符号。这是一种比较简单、容易的笔记，通用的符号有画线（直线、双线、曲线和不同颜色的线）、圆圈、双圈、交叉、箭头、方框、三角形。还有着重号、问号、叹号等。每种符号可按自己的习惯、爱好，分别代表自己要表达的意思。

③摘录。把书中自己喜欢的句子、段落，或重要的地方，诸如论点、结论等摘录下来。

④全抄。将原文一字不落地抄下来，明末清初的大学者顾炎武，从10岁起就跟祖父读《资治通鉴》。此书300多万字，他不但读完，了解了书中的意思，而且把全书重抄了一遍。

⑤列提纲。根据文章每章节每段的内容，按照它的前后次序，列出一个大纲，它能帮助我们增强筛选知识、把握重点的能力。

⑥剪贴。把自己所需要的资料，从报纸杂志上剪下来贴在本子上。这也是一种读书笔记，可根据需要进行分类张贴。科普作家叶永烈说：我订有许多报刊，养成了剪报的习惯，即把报纸杂志上有参考价值的资料剪下来，分类贴在笔记本上。我的剪报达20多类。例如，我写一篇以熊猫为题材的中篇科普幻想小说……就剪了几十篇关于熊猫的资料。

⑦做卡片。把自己所需要的内容记在卡片上，它是积累知识最简便、最有效的方法。积累多了，归纳分类，综合利用。也有的把摘录的内容记在随身携带的纸条上，这种办法适用于旅行途中看书、看资料等。

⑧札记。读了一些书籍后，写下要点、体会、心得、感受和疑问，称为札记，其形式灵活，内容多样，可长可短。如列宁的《哲学笔记》，清朝学者顾炎武的《日知录》等，以及报刊的书评、读后感，均属于这一类。

另外，根据不同的兴趣、爱好、习惯，还可写心得笔记、专题笔记、综合笔记、索引笔记、图表笔记，以及以考证、议论、记事为中心的笔记。

以上这些笔记形式，各有各的长处，我们可以根据自己的需要选择。写读书笔记会有一个从不会到会，从不熟练到比较熟练的过程，刚开始写，可以选自己喜欢的形式，可以简单地写，慢慢养成习惯，读书效率会越来越高，书才容易变成营养，被你吸收，变成你的筋骨血肉。

（四）"四遍八步"读书法

读一篇文章的方法很多，有"浏览法"、"设疑法"、"五步读书法"、"十步读书法"、"圈点摘要法"等。各种方法都有独特的长处，都需长时间使用，才娴熟，才高效。

"四遍八步"读书法是比较科学的读书方法。四遍，就是每篇文章读四次；八步，就是完成八项任务。

第一遍，跳读。

完成两步任务：①识记作者及文章梗概。②识记主要人、事、物或观点。应达到每分钟读完 1500 字的速度。

第二遍，速读。

完成第三、第四步任务：③复述内容。④理清结构层次。每分钟要读 1000 字。

第三遍，细读。

完成第五、第六、第七步任务：⑤理解字、词、句。⑥圈点摘要重要部分。⑦归纳中心思想。读的速度，一般跟朗诵相同，每分钟 200 字。

第四遍，精读。

完成第八步分析文章写作特色的任务。根据需要确定读的速度，或一带而过非重点部分，或仔细推敲品味重点段落、关键词语。

每篇文章都要读四遍吗？当然不是。有的浅显的文章，如《人民的勤务员》，读两遍就能完成八步任务了，何必再多读呢？有的文章如《岳阳楼记》读了五六遍，也还是不能全部理解其中的妙处，自然还应再读。读每篇文章也不是非要完成八步任务不可。有的文章只要能记住梗概，复述大意即可，如《连升三级》，又如课外阅读报纸杂志上的大部分文章。有的除了八步任务以外，还要完成其余的任务，如《论语六则》。

"四遍八步"读书法是适用于经过训练的学生的方法，绝不是适应所有学生的方法；是适用于大部分文章的方法，绝不是适用于所有文章的方法。

也有的同学，一开始就细读、精读，然后再速读、跳读，他这样读惯了，就一直坚持下来，效果也不错。但对还没养成读书习惯的同学来说，还是先跳读、速读，更适合当今时代的需要。我们也不可能一一精读。大部分文章在跳读过程中，觉得无深究价值，就不再拿出时间去细读、精读了。

刚开始跳读、速读，可能不习惯，因为平时一字一句地读惯了。要改变一字一句认读的习惯，刚开始练，可以只求其快，不求记其多。如读《制台见洋人》一文，全文近 6000 字，要求 4 分钟读完，宁肯只记住一个人，一件事，以后训练时间长了，你的速记能力、理解能力、概括能力都能增强。

（五）"五到器官"听课法

陈洪琴每天上学往返要 40 里路，路上显然用去许多时间，可她的成绩却比许多家在学校附近的同学好得多，她考上南开大学后，在介绍学习经验时说："关键在于用好课堂的时间，不要把希望寄托在课外、寄托在延长学习时间上。用好课堂时间，就要认真听课，听课时力求做到'五到'：耳到、眼到、口到、手到、心到。"

许多学习优秀的学生介绍自己的学习经验时，都曾谈到过"五到"听课法。

耳到即耳听。注意听老师的讲授，听同学的提问，听大家的讨论，听同学的不同见解，听老师答疑。

眼到即眼看。认真看教材，看必要的参考资料，看老师的表情、手势，看老师的板书，也可以看优秀同学的反应。

口到即口说。复述老师讲的重点，背诵一下重要的概念、定理，大声朗诵老师指定的段落，大胆提问，大胆回答老师的提问。

手到即手写。写老师讲授的重点，抄有价值的板书。听课时，边听边在教材上圈圈重点，批注一下感想，画一画难点。

心到即动脑筋，对接触的知识积极思考。

上海市高考理科状元王峻，在介绍学习方法时说："许多人相信'题海战术'，以为做遍天下题，就能笃定应付考试。我却认为这样反而违背了学习知识的本意。其实，学习的关键是理解，只要做到每一堂课真正掌握教师教授的内容，不欠账，就能学好功课。每堂课的45分钟我都是集中全部注意力，做到五到。高效率地听和思考，往往当堂就能理解并掌握所学的内容。回家后再做几道练习题。就忘不掉了。一旦碰上弄不懂的地方，必定要搞得一清二楚。所以，步步为营，不欠账是很重要的。因为数、理、化这三门课的系统性都很强，前面的知识不掌握，后面是听不懂，也学不好的。特别是数学，它是一门循序渐进、累积性很强的科学。"

耳到、眼到、口到、手到、心到，多种感觉器官并用，多种身体部位参与，自然加强了大脑不同部位参与上课的主动性，大脑处理信息的能力也加强了。

（六）带着问题去听课

1981年，清华大学举行出国研究生考试，夺魁者范明顺六门科目总分突破500分。外语成绩超过了清华大学本校的外语尖子，获得留美研究生资格。

范明顺是武汉电子学院的学生，当时21岁。他不是专家、教授的后代，是一名土生土长的农村娃。在入大学的摸底考试中，他的外语成绩为0分，其余科目成绩也不太理想，他是怎样取得惊人进步的呢？主要经验之一就是他总是主动地带着问题听课。

这种方法适用于授新课、综合课。上课前要认真预习，阅读教材，把不懂的问题记下来。这样，上课时老师讲些什么，哪些自己已知了，哪些需要弄个明白，就做到了心中有数。上课时，听讲就有了针对性，已经明白的问题，听了等于复习一次。遇到自己不明白的问题，就听得格外仔细、认真。如果老师对这处难点讲得不细、不透彻，你还可以在课堂上及时提问。你不会的东西，也常常是大多数同学不会的东西，既代表了同学们的心声，又帮助老师了解学生情况，抓住教学中的重点难点。如果你提的问题不具有普遍性，老师就会征求别的同学的意见，大家认为没必要在课堂上再讲一遍了，那也不要紧，你还可以课后再个别向老师请教。

上课的时候，有的老师特别喜欢学生提问题，有时，故意不讲重要的知识点，然后问："大家还有什么不懂的地方？"那些学习优秀的学生常常争先恐后地提出老师漏讲的问题。学生带着问题上课，逐渐成为课堂的主人、学习的主人，就会大大提高课堂学习的效率。

二、不唯师

在中学生的学习中，很多同学上课时只会认真听讲：把老师的板书一字不差地抄录下来，课后进行消化吸收，但却很少能发现问题、提出问题，老师讲什么是什么，教什么学什么，把自己变成了一个"知识容器"。瑞士著名的教育心理学家皮亚杰曾说过："教育的主要目的是培养能创新的而不是简单重复前人已做过的事的人。"所以，我们主张同学要多与老师交流，当对老师讲的有疑问或有不同看法时，要敢于坚持自己的观点，敢于向老师质疑，甚至与老师争论，在争论中我们失去的只是错误，而得到的除了正确的认识外，更重要的是智力的发展，还有勇气和信心的提高，最终有"青出于蓝而胜于蓝"的必然。

（一）适应"启发型"的老师

一些优秀教师，上课时自己讲得很少，更不面面俱到地分析、解释，而是在自己吃透教材的基础上，设计出几个关键性的问题，引导学生思考、讨论。

思考讨论之后，有了统一的认识，并且符合标准答案，老师便不再重复，给同学以鼓励、赞扬。没有统一认识时，老师也不轻易下结论，常常引导学生再进一步去搜集论据，以更深刻地研究问题。

有的理科老师在上实验课时，并不把实验的结论先告诉学生，只是引导学生积极主动地参与实验，在实验中由学生自己得出结论。

这类老师上课，由于讲得少，按传统的看法，个别学生会觉得老师不负责任。又因为这样的老师一般属智慧型、思考型，他们便总是立足于引导学生深层次地思考问题，个别学生会觉得老师似乎不那么亲切。

同学们一定要转变自己的观念，不要以为讲得多的老师便是负责任。如果一位老师讲得多，学生成绩平均 90 分，另一位老师讲得很少，学生平均成绩也是 90 分，你说究竟哪位老师对学生更有利呢？显然是讲得少的老师，他把时间省下来，让学生有更多的读书、思考、讨论、练习的机会。学生通过自己实践得来的 90 分，要比全靠听老师讲得来的 90 分更扎实，更实用一些。最重要的是，跟"启发型"的老师学习，你不由自主地养成了主动思考、主动探索、主动自学的习惯。

同学们一定要珍惜遇到的"启发型"老师，自觉和老师配合，积极探讨，以使自己成为学习的主人。

（二）适应"爱提问"的老师

别看丁丁平时活蹦乱跳，但有时候胆子却很小，尤其是老师每次提问的时候，他都不敢举手。可是，有时候老师却偏偏点了他的名，他感觉很苦恼，就向同桌金光取经了。金光是班级回答问题的积极分子，他说："我就是喜欢回答老师的问题。一方面，可能是由于我表现欲比较强；另一方面，通过回答老师的提问锻炼了我的胆量和表达能力。"

丁丁羡慕地说："那么到底怎样才能回答好老师的提问呢？"

金光说："首先，回答问题的时候你要大方点，不就是把自己心中的想法说出来嘛！害怕什么呀！不要怕说错，不要怕别人笑话；想多少说多少，会一句说一句，会两句就说两句。其次，你在回答的时候要冷静，情绪不要激动。最后，很重要的一点就是在课堂上要集中注意力听讲。老师提出的问题，一般都是当堂所讲的问题，老师在对你提问的时候，要立即对问题进行分析，思考问题的答案，即使觉得自己回答得不好，也要把心中的想法说出来。"

"原来这么简单啊！我明白了，谢谢你，这节课我就试试。"丁丁高兴地说。

这节课是数学课，李老师又点了丁丁的名，丁丁不慌不忙地站起来，根据金光提供的方法，再结合自己的理解，流利地回答了老师的提问，尽管跟正确答案不是完全一样，可他还是受到了老师的表扬。

丁丁坐下后，金光冲他眨眨眼睛，好像在说："看！我说得很正确吧！"

从此，丁丁也跨入了上课回答问题的"积极分子"行列。

如果在课堂上你有不会的问题，但又不能打断老师的讲课，或者不好意思问老师，这时候你该怎么办呢？你可以试着用这种办法：找出一张小纸条把自己上课时没有弄懂的问题都写在小纸条上，下课后把纸条递给老师，请求老师帮助自己解答。这样做不仅可以有效地完善听课质量，还可以加强和老师的沟通，让老师及时了解自己的学习状况，还能与老师成为好朋友。

当被老师提问时，莫不如转守为攻，利用这个机会，更努力刻苦地学习、预习，做好回答的准备。一上课不仅不动脑筋躲避，反倒希望老师问到自己，甚至勇敢地举手，请求回答。当老师提问别人时，你不是暗中庆幸，而是假设自己是在被提问，在脑子里思考，让我答，该怎样答。这样你的心态会变得愉快、积极，和老师的关系会越来越融洽，成绩一定能明显提高。

（三）适应"开无轨电车"的老师

有的老师上课时好开"无轨电车"，讲起课来，离题太远。听起来好像听相声那样，令人感到兴趣盎然。

听这样的老师上课，你绝不会感到无聊，更不会打瞌睡。但是，如果只知和大家一起哄笑而不假思索，事后你会觉得头脑中一片空白。于是，临到考试你会发现试卷出得特别难而无从下笔，到那时，你的心情就不像当初听课时那么愉快了。

遇上了这样的老师，发火也没有用，更何况，班上同样听课的同学中，也有考试成绩好的。

怎样适应这样的老师呢？主要也在于养成自己预习的习惯。事先读了教材，知道了哪些是重点、难点，并且在教材中标示出来。这样边看书，边听课，那么任凭老师扯得多远，你始终头脑清醒，知道自己目前的进度，就不至于被老师离题太远的讲课所左右了。

一旦养成"先靠自己努力研究"的习惯，由于重点在握，对课本的内容也有全盘的了解，你就能从老师风趣的讲课中获得更多的、更高层次的知识。你对那个学科的兴趣就会大增，它还有可能成为你最擅长的学科。

遇到自己最初不适应、不喜欢的老师，千万不要没完没了地埋怨、指责，那只能破坏自己的情绪，使你那一学科的成绩越来越糟。反过来，千方百计适应老师，既能提高学习成绩，还能增强自己容人的能力。

还有一种适应"开无轨电车"老师的办法，就是从挑老师的毛病中，增强自己的学习兴趣。

日本教育专家多湖辉先生说："我在少年时代，是一个无法无天的捣蛋鬼，当时恶作剧的对象竟然还敢选到老师的头上，其中之一就是挑老师的错误。但是这种恶作剧却生出了意外的副产品，第一要想找老师的错误，就非得认真、聚精会神地去听课不可。第二要想质问老师，就要事先有相当的准备及预习功课。这样竟获得了不曾预期的结果，对于功课竟然热衷起来了。"

埋怨老师不如适应老师，适应老师的办法之一是给老师挑毛病。有的同学说："挑了毛病有什么用，老师也不允许我们提意见。"即使不让提，你记在笔记本上，也加深了自己对教材的理解，防止自己犯类似的毛病，又增强了上课兴趣。

（四）适应"口若悬河"的老师

有些同学遇到过讲课口若悬河的老师，一上课自己就开讲，一句接一句，不肯停下来，一直讲到下课铃响。但是有些同学却喜欢这样的老师讲课，觉得上他的课一点也不累，不知不觉就下课了。

每位老师都有自己教课的特点，不同特点的老师，适应不同性格学生的需要。老师口若悬河，一讲到底，大部分同学不欢迎，可还是有喜欢的同学。老师的教法要适应所有的学生是困难的，但不能因为老师不适应学生就换老师，而是应该引导学生去适应老师。

作为老师应该研究学生，研究学法，改进教法，讲练结合，适应学生。

作为学生应该适应老师，这样才有利于学生的成长，有利于他们增强适应能力以面对未来更复杂的社会生活。

怎样适应口若悬河的老师呢？

一般说来，这一类型的老师，又可分两种：

①教科书派，上课内容以教科书为主，讲起课来滔滔不绝。

②旁征博引派，讲教科书的内容又加上自己搜集的资料，讲起来也是滔滔不绝。

前者讲课的内容，只要翻着教科书就一目了然，所以学生会批评说："这位老师就懂得照本宣科，并没有多大本事。"也许正是这种缘故，学生对这类老师的课就不那么热衷，所以往往对教科书上的基本内容掉以轻心，轻易放过了该掌握的重要内容。

后者讲课的内容，由于在教科书上看不到，不少学生忙于做笔记，唯恐有所遗漏，却难以掌握重点。

遇到教科书派，为了防止自己迷迷糊糊，甚至昏昏欲睡，事先你得下一番工夫好好预习，弄清这堂课将学习什么内容，这一课的重要内容是什么。有了这样的准备，即使老师说得天昏地暗，你仍然能知道哪些地方重要，哪些地方不重要。你只要把重要的内容记在笔记本上，做到一看笔记，马上就知道重点。

遇到"旁征博引派"教师，如果不将他说的内容逐句记录，似乎令人感到不安。其实，你可以寻找与老师授课内容相近的参考书，并在课前做好预习，听课时只需记参考书上没有的内容，上课时思考时间就会大大增加，会明显提高学习效率。

三、不唯一

对于一个知识点的理解，可以从不同的角度去认识；对于一道题的求解，可以有不同方法；对于一个实际问题，可以从不同学科去分析解决。世界本身就是多样化的，我们学习的目的绝不是为了追求唯一的答案。所以，我们在学习中必须具备这种"不唯一"的意识和精神，尽可能寻求更多解决问题的途径，养成多方面、多角度认识问题的习惯，训练思维的灵活性和变通性。

（一）古人云：有所听有所不听

学生上课听讲，一般说来，老师讲的都要听。但有时老师为了照顾后进学生，讲得浅了，重复的遍数多了，优秀学生就大可不必再听。还有时老师是讲给几个优秀学生，供他们参加学科竞赛时用的知识，这样大部分学生也可不必听。

一些贫困地区，一个学校只有一名老师，有的学校，四个年级都挤在一间教室里上课，这样老师同时要给四个年龄段、四个年级的学生讲课，如果大家都同时听课，岂不是做了3/4的无效劳动？我们绝大部分学生不是置身于复式班，但同班同学差异还是有的，有的差异还很大，老师讲课时，自然要各方面水平的学生都兼顾。

课堂教学进度一般以中等学生的理解能力为主，顾及差生的能力所及。这样一来，基础比较好的学生会产生"吃不饱"之感。那么，听课方式大可不必"专心致志"。主要听课内容为：规律性的知识点以及老师多年的教学经验、教给的学习方法、解题思路等作为我们听课的核心内容。而对于那些常规的、纯属老师"炒剩饭"的部分，则无须"一板一眼"地听。这时，可以看一些与课堂有关的书籍，扩大知识面，增长见识。当然，这需要对自己实力有正确估计，切不可眼高手低，顾此失彼。

我们平时听课，难免遇到不能立刻理解的内容，遇到自己不能马上解答的问题，这些问题又不带普遍性，不宜立即提问，那会影响全班同学的学习进度。怎么办？如果我们硬钻牛角尖，纠缠于某一难题，那将会漏听教师讲授的很多内容，课后自学这些内容势必花费更多的时间。即使把某一难题在当堂钻懂了，也是得不偿失。

这时就该把这一问题先放一放，跟着老师的思路往下听。但这个疑难问题要及时记下来，在适当时候思考，或下课后请教老师。这种方法适用于逻辑性不强，或前后内容联系不太紧的课程。必须注意的是，对暂时放下的问题要立即记在笔记本上，课后及时设法解决，决不可放过。

（二）做练习力求一题多解

安徽省高考理科状元王琰同学在谈到解题时说：要锻炼自己的解题速度，开拓解题思路，增强解题意识，熟练掌握并运用公式，非做大量多种类型的习题不可。做习题不仅扩大视野，增长见识，更重要的是锻炼解题技巧，也就是解决问题的方法和程序。做完一题，如果兴奋一番便完了，那么做题也就没有多大意义了，必须记住解题的方法，并推广到同一类的题目上，并再择其一二试题，倘若很快成功，则该类题目的基本解法就被找到了。

这种学法叫举一反三，掌握一种方法，可解多道同类习题。

要提高学习效率，还要练习一题多解。用多种方法解答同一道试题，不仅能更牢固地掌握和运用所学知识，而且，通过一题多解，分析比较，寻找解题的最佳途径和方法，能够培养创造性思维能力。适当增加一些一题多解的练习题，对巩固知识、增强解题能力、提高学习成绩大有益处。

心理学家们曾在一所非重点中学搞一个实验班，进行数学一题多解的训练，3年后，这个班的数学升学考试平均成绩99.3分，效果非常明显。实验班的同学普遍喜欢上数学课，甚至觉得数学课很像智力游戏，越上课，越解题，心情就越愉快。

一题多解是可以广泛采用的高效学习方法。

（三）边学边问，才会有效果

下课铃响了，一部分同学跑出教室玩，还有一些同学围住老师问个没完。日久天长，人们会发现，喜欢围着老师提问题的同学，大多是先进同学，也有的原来成绩不突出，就因为后来喜欢提问题，成绩越来越好。而后进同学呢，几乎都有不愿提问题，或有疑难也不好意思问的特点。

"学问"本来包含"学"和"问"两个方面，现在有的人只知道"学"，而不知道"问"。别人10年、20年苦心研究才得出来的东西，自己一问，也许一个晚上就明白了。

陶行知说，做学问就是要学要问。光学不问，只做到一半；光问不学，也只是一半。又问又学，才是完整的学问。发明千千万，起点是一问。人力胜天工，只在每事问。

孔子从15岁开始发奋读书，因为没有人教他，所以他在书上碰到疑难问题时，就到处找人请教。他"问礼于老聃"，"学琴于师襄"，还曾经求教过一个只有 7 岁的小孩。有一次孔子到太庙 (古代帝王祖先的庙) 去参加祭祀典礼，因为是第一次参加，所以在祭祀过程中，遇到的每一件事情都要问，从祭祀用的牛羊，一直问到举行仪式所伴奏的音乐。等到祭祀完毕，人们都忙着回家的时候，他还抓住别人的衣袖不放，继续请教一些还不明白的问题。别人看他老是打破砂锅问到底，就说他是"每事问"，后来书上便有"孔子入太庙，每事问"的记载。勤学好问的孔子，终于成了大学问家。

我国南北朝时杰出的农业科学家贾思勰一生勤学好问。他的著作《齐民要术》是我国最早的一部农业百科全书。尽管他是一位有学识的科学家，却仍到许多地方向农民虚心请教。第一年他养了 200 只羊，结果死了大半，请教别人，知道是因为饲料不够多而饿死的。第二年他又养了 200 只，并把饲料准备得足足的，可是又死了不少。到底是什么原因呢？他听说百里外有位老羊倌，羊养得特别好，就不辞劳苦，赶去求教，终于找出了羊死的原因。原来他把饲料扔到羊圈里，羊在上边踩来踩去，屎尿拉在饲料上，羊就不吃这种脏草，时间一长就饿死了。于是他就住在老羊倌家里，仔细学习老羊倌的经验，从此他养的羊不再死亡，越长越健壮。

当然，好问不是瞎问、乱问，要问得有意义有价值，问到点子上，应注意以下几点：

①问谁

凡有长处的人，我们都应向他们学习。韩愈说：圣人无常师。比己强者，等于己者，不如己者，均可以问。一般情况下，你得了解被问的人确有长处。如果面对一个素不相识的人，你不知他是否有长处，若向他请教经济问题，就有可能吃亏。

②要不耻下问

不以向不如自己的人请教而感觉羞耻。请教别人，不要爱面子，怕丢人。为了学到知识，就是受些羞辱，也要发问，这样不仅增长了知识，还拓宽了自己的胸怀，是一举两得的好事。

③要先问己，再问人

陈景润说："不要一遇不懂的东西，马上去问别人，自己不动脑子，专门依赖别人，而是要先自己认真地思考一下，这样就可以依靠自己的努力，克服其中某些困难，对经过很大努力仍不能解决的问题，再虚心请教别人，这样往往会得到更大帮助和锻炼。"

④问要有目的，有中心

抓住核心问题，才容易有收获。

⑤追根寻源，一问到底

在学习过程中寻师问难，要建立在认真读书和思考的基础上，清朝学者郑板桥说："读书好问，一问不得，不妨再三问，问一人不得，不妨问数人，要疑窦释然，精理进露。"

⑥排除提问的障碍

不善于问的同学，一般面对三种障碍：①学习不用心，发现不了问题。②发现了问题，但思想懒惰，不愿探索。③愿意探索，但不好意思问别人，怕丢面子。显然要做勤学好问的学生，必须排除这三种障碍。

（四）学问的生命在于应用

学问是什么？学问是工具。工具是因应用的需要产生的，有了工具还要到实践中去应用。应用中，又要改进工具，然后再去应用。

语文是什么？语文是工具。学了语文干什么？应用这个工具去认识改造主观世界与客观世界，这样学语文才越学越有趣，越学越活。

美国第一任总统华盛顿说："读书而不应用，书等于废纸。"善于将所学知识应用于实践中，所学知识才掌握得更加牢固，你才会成为知识的主人，学了知识才有意义。

上海南洋模范中学初三学生杜冰蟾，应用自己学习的语文知识，发明了一种无须任何口诀、不必死记硬背的"汉字全息码"，把繁难的方块汉字分解成一百个部首字进行编码，极易掌握，它可广泛应用于中文电脑打字、编辑、中外文助译等。

恩格斯能成为无产阶级革命导师，主要原因之一，在于他善于将所学的知识应用于研究现实问题。他的名著《英国工人阶级状况》，就是他应用所学知识，调查研究实际问题的结晶。他在写这本书时，常常到工人栖身的肮脏的住宅区去，了解工人们的实际状况和疾苦。他还阅读了有关论述英国工人阶级状况的一切著作，仔细研究了他所能看到的一切官方文件。恩格斯本人曾经描述过他深入群众调查研究的情形："我抛弃了社交活动的宴会，抛弃了资产阶级红葡萄酒和香槟酒，把自己的空闲时间几乎都用来和普通工人交往，对此我感到高兴和骄傲。"

恩格斯即使在被迫流亡的处境下，仍然利用一切机会研究实际问题。为了了解现实问题，1842年恩格斯被迫离开巴黎时，决定步行穿越法国中部，了解法国农民的生活。注重学习又注重应用，使恩格斯成为伟大的无产阶级革命家。

所谓技能，就是学生将知识应用于实际的一种能力。非常熟练的技能，就叫技巧。如果没有技能，只有一堆不会用的知识，那就成了图书馆里的书橱。记住的再多，也是一堆没用的死知识。

（五）养成课后总结的习惯

学完一节课，要及时总结。这节课的学习重点是什么，自己掌握了哪几个知识点，还有哪一点比较模糊。这样一来，记忆得到了强化，不清楚的地方及时想办法补救。

捷克教育家夸美纽斯形象地比喻：不进行小结就犹如把水泼到一个筛子里一样。

人的记忆分为瞬时记忆、短时记忆、长时记忆三种，第一种只能保持一两秒钟，第二种能保持一两分钟。如果不是有意识地记，很快就会忘记。要由短时记忆转化为长时记忆，就需要重复。重复要在遗忘之前，将忘未忘之时才最有效。课后总结，就是有效重复的一种方式。

北京清华附中的刘湘文同学十分重视每节课后的概括小结。比如，学了"化钝角三角函数为锐角三角函数"一节后，他作了这样的小结："钝角三角函数的定义与锐角三角函数的定义方法是一样的，所不同的是钝角的终边在第二象限，因此，它的三角函数的符号与锐角三角函数的符号有所不同。在解法上要注意已知正弦值求角时，可能出现的两个解的情况。"这样，他通过新旧知识的联系，就把钝角三角函数这一新知识挂到了三角函数这棵知识树上，一节课后，及时小结，知识结构树就会越来越繁茂。

课后总结的主要任务，是对本节课所学内容进行及时复习，概括出本节课所学知识要点，并将它当做枝叶或果实，放到知识结构这棵树上。

记忆的规律告诉我们，零散的知识容易遗忘，将零零散散的知识设法按内在规律组织在一个知识结构内，就不容易忘了。

第五章

解说 "记忆" 的回归

一、还可以记忆多久？

二、"记忆" 的保存期限

三、效果不错的记忆方法

四、图像、联想、连锁记忆

五、其他有趣的记忆方法

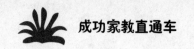

一、还可以记忆多久？

（一）记忆从开始说起

当我们了解记忆的真相，消除了对记忆的困惑，相信就会对自己的记忆能力（目前拥有的记忆力）有更正确的认识。

魔术记忆、超级记忆、快速记忆这些令人心动的字眼，究竟是真是假？如果是真的，自己可以做到吗？要花多少时间、多少精力、多少金钱呢？是"老王卖瓜，自卖自夸"式的广告噱头吗？到底是完全没有根据，还是只夸大记忆效果呢？

我们当然希望考试时能记住所有重点，工作时能记住上级交代的重要任务，出席会议能侃侃而谈，那么就让我们一步步揭开记忆的神秘面纱，由了解理论、掌握练习方法等一系列循序渐进的过程，拥有快速记忆的无限潜能，让大家都可以美梦成真！

其实早在公元前 500 年左右，古希腊就有关于记忆方面的文献记载。当时的人不需要做任何记录，在演讲或辩论时就可以侃侃而谈。古希腊诗人西孟尼提斯因为唱作俱佳常被邀请到希腊各城邦演讲。有一次西孟尼提斯应邀到一场宴会演讲，宴会进行到一半突然有人找他，他只好离席而去。就在西孟尼提斯出去不久，突如其来的大地震震垮了会场的屋顶，宾客无一幸免。当然，当时的医学还不发达，不能通过牙齿、毛发、DNA 等确认死者的身份。

幸好大难不死的西孟尼提斯超强的记忆力解决了这个难题。原来为了与听众产生良好的互动，他用特别的定位记忆法来记住宾客的名字和其所坐的位置，解决了死者亲友的难题，展现了惊人的记忆力。

（二）揭开记忆的面具

传统观念认为，记忆是头脑存取资料的过程，在学习、思考中扮演着核心角色。其实，很多人常常认为记忆不好，就好像心脏不好或是膝盖不好一样，可以吃药或是做康复得以改善。但记忆并不是人体的器官，而是抽象的，要强化它并不是吃药这样简单的事。

根据约翰霍普金斯医学院高登博士描述，记忆是由大脑的三个功能给合而成的：感官记忆（sensory memory）、短期记忆（short-term memory）、长期记忆（long-termmemory）。

①感官记忆

我们知道人有五种感觉：视觉、听觉、味觉、嗅觉、触觉，通过这些感觉所产生的印象或记忆是最初的记忆存盘，需要通过短期或长期记忆处理才会被记住，否则稍纵即逝，很快就忘了。

②短期记忆

短期记忆能记住资料的数量有限，除非不断重复，否则几分钟后会被其他资料取代。所以如果能不断重复资料，短期记忆就能持久。但如果所需处理的资料比较重要，就得转化成长期记忆。比如下面这个例子：

餐厅领班小陈一般不需写点菜单，就能记住客人点的菜。比如，今天靠窗的客人点了 2 杯不加冰的橙汁、1 份意大利 pizza、1 份五分熟的牛排，外加 1 杯拿铁咖啡，这表示他的短期记忆不错。当他走回厨房下单时，忽然手机响了，接听之后才知道是祝贺他通过餐饮服务从业人员的资格考试，他兴冲冲地挂了电话，却忘了客人点的是什么咖啡。

大家一定见过马戏团或杂技团里，两只手同时抛接五六个彩球的小丑。只见小丑先抛一个彩球在空中、再加一个球、再加一个球，直到五六个彩球依序在空中翻滚，小丑却不慌不忙地一接一抛，不时还扮扮鬼脸赢得观众的笑声和掌声。

这几个一起一落的彩球就像我们短期记忆的资料，技术好经验丰富的人可以像小丑般游刃有余地操作、运用。不过因为接抛空当有时间限制，因此技术再好的小丑也没办法同时抛更多彩球，就像短期记忆的资料一样，而且如果有外力干扰（例如小陈的手机来电），很难保证小丑的彩球不会落地，领班小陈也难免会忘记客人点了什么咖啡。

正因为短期记忆有其特殊性及针对性，所以重要的或需要长期记忆的资料，自然得再次处理成为长期记忆，否则就会被选择性遗忘，就像领班小陈不需要记得昨天客人点了什么饮料或是菜肴。

③长期记忆

大多数人提到记忆时，指的多是长期记忆。不过，专家认为信息必须经过感官记忆、短期记忆，才能转化成长期记忆。

有些专家认为一旦形成长期记忆，资料就永远不会遗忘，问题只是如何找到、取出资料。就好像知道某件衣服一定在家里（长期记忆），只是找不到而已。也有专家强调长期记忆只是记忆储存的模式，不是具体的事物（就像刚才那件一时找不到的衣服），并不见得能永远保留。

大家既然对电脑不陌生，当我们在用 word 处理文档的时候，按一下"新建"的图标，屏幕就会出现一页空白页面让我们操作，这时就像短期记忆。当我们在空白页面上工作一阵子，"office 助手"就会跳出来提醒须存盘，于是我们取了文件名并选择储存的方式，不论是存在软盘、光盘，还是硬盘上，都好像是头脑的数据处理转为长期记忆了。

当然人脑储存记忆的功能及过程更加复杂精妙，虽然储存记忆的方式和空间还不能够确定，但这些功能却是电脑望尘莫及的，只可惜没有像微软设计出的"office 助手"那样，可以随时蹦出来搭救"落难的书生"。

二、"记忆"的保存期限

记忆是学习的重要工具及催化剂，我们需要进一步了解记忆到底可以记多久，才能对自己的记忆能力及潜力作出正确评估，并发现更好的记忆方法。

一般来说，根据内容记忆可以分为暂存记忆（working memory）、认知记忆（recognition memory）、回想记忆（recall memory）三种，让我们看看这些记忆的区别，并进一步了解如何增强自己的记忆力。

一般日常生活需要处理的记忆大部分属于暂存记忆，例如，明天要办的事情、聚餐的地址、登机舱的号码、1000 克白菜多少钱、星期六的电影几点开演等。这些材料的记忆和运用只需要达成目的，并不需要记得太久。

认知记忆却是因为记忆储存出了问题，没有创造出更有力的回想线索，以至于记忆像断了线的风筝，在"脑海"里飘来飘去。其实，既然花了时间和精力记忆这些材料，却因为没有运用有效率的记忆系统和方法，真还不如不记呢。

回想记忆当然是我们想达到的学习效果，如何回想、回想的速度、回想的完整性及扩充性等都十分重要。如何创造出丰富、系统的回想记忆档案，发挥记忆的优势都是重点。

打个比方，暂存记忆就像时时刻刻从我们手中流走的钞票，虽然留不住这些钞票，却能解决许多日常生活中的问题。认知记忆则是我们特意收藏却忘了放哪里的私房钱，虽然偶尔会有发现意外之财的惊喜，不过大部分时间都为了想不起钱放在哪里而懊恼不已。回想记忆可以说是定期存款，不但存取有计划而且还可以得利息呢。

①暂存记忆

暂存记忆即暂时存盘记忆，所谓 working memory 就是记忆资料的长度及强度足以应付当时的需要。

我们知道，暂存记忆是短期记忆的一种，两者之间有相似性。例如，朋友麻烦你帮忙打一个电话，电话号码是 27399786。如果不写下来，很多人会重复这个电话号码一两次，然后再去拨号。在这个过程中，他可以用暂存记忆来完成任务，不需要笔和纸，也不必把这个电话号码输进他的 PDA，更不需要把这个电话号码重复十几遍。

暂存记忆可以完成我们眼前要处理的事情，当事情完成后，头脑自然清除此信息，所以我们不会储存许多长期用不着的信息。

但是如果电话一直拨不通，我们可能会选择写下来，或是把这个号码背下来。由于不知道头脑资料被清除的速度，所以我们不清楚资料多久会完全消失。听到一个电话号码，重复一次，可以记多久？两次、三次呢？如果号码有 6 位数字，比起 7 位数字、8 位数字，甚至 18 位数字，对我们的记忆又有何影响呢？

大部分的人从来不会认真考虑这些问题，就像我们不了解电脑的构造，不知道自己的电脑硬件有多少内存、处理资料的速度有多快，屏幕的分辨率是多少，但这些因素却会影响我们操作的快慢程度。

硬件容量的大小关系到我们安装软件的数量，内存会影响到我们执行的速度等。只有明白自己的"配备"，才能更有效率更快速地操作记忆力。

②认知记忆

你在路上遇见弟弟的一个朋友，上星期还一起吃过饭，但是却叫不出对方的名字。这时先不要立刻替自己贴标签："瞧，我的记忆真是糟透了，上星期还一块儿吃饭，转眼就忘记别人的尊姓大名了！"且慢，我们可不是得了失忆症，只不过这人的姓名目前属于认知记忆罢了。认知记忆就是"不看不记得、看过就认得"的情形。认知记忆指的是记忆的材料没有办法回想出来，不过却能从不同的材料中辨认出来。

我们的记忆并不是太糟，只是 Raymond 这个名字处在认知记忆的状态。因为当我们听到不对的名字(或其他资料)时,我们就能肯定其不正确;当我们听到正确的名字(或其他资料)时,我们也能像"众里寻他千百度,蓦然回首,那人却在灯火阑珊处",立刻就能肯定那就是我们要的答案。

其实这种状况常常发生。例如,一个选择题可能有5个答案,我们的认知记忆可以从中选出正确答案。

有时我们读书和考试常投机取巧,总抱着"分数高不如分数刚刚好"的敷衍心态,真的很可惜。常听学生说以前在学校学的知识,几乎全还给老师了,想想当时付出那么多时间和精力,却因为方法不对,无法真正了解学习内容,这种情况真应该想办法改善才对。

了解了认知记忆,我们就可以用一些方法来改变这种状况。回想一下我们听过的许多歌曲,虽然没有刻意一句一句地学,却发现只要有旋律或者歌词,我们就可以跟着哼起来。对歌曲再熟一点的话,只需要字幕的提示就能在 KTV 高歌一曲。

但是在没有任何提示的情况下,回想一下歌词、旋律,我们能否把这首歌哼出来呢?如果通过一些线索,如旋律、歌词,就有可能帮助我们在头脑里建立数据库,让我们可以一点点回忆信息。那么究竟如何操作认知记忆呢?

效率低的重复是没有效果的。如果因为不了解头脑或记忆的功能,而一再运用重复学习方法,那么学习最终会变得被动。就如同打网球没抓住要领,以为越用力越好,效果反而很差,所以方法很重要。

下面我们看看不同于死记硬背的学习方法,这个方法需要左脑和右脑搭配用,创造记忆的线索,扩充记忆库的基本材料,同时避免死记硬背式的重复学习。

那什么是线索、什么是扩充记忆库的基本材料?举个简单的例子,我们记一个人的名字时,如果把他的名字重复两三遍,使他的名字成为左脑(主管记忆)的一个线索、一个提示,那么这个复述的过程可以刺激我们的头脑,来加强回忆的功能。

就拿 Rocky 这个人来说，你除了多称呼他的名字之外，比如："Rocky，你好吗？Rocky，你想喝点什么？"（复述增强左脑记忆功能）还可以想象他有着结实的身体，粗犷的性格，或许他有点像美国电影《拳王洛基》里的史泰龙。同时处理左脑"记忆"和右脑"图像"的记忆存盘，之后再见到这个人的时候，我们就不会毫无头绪、慌乱地想："天啊，这个人的名字我忘了！"因为从这个人的外形、性格，我们知道他的名字跟他的形象有点关系，应该是……一部有名的美国电影……对啦，是 Rocky。

或者我们第一次看到 Rocky 时，他的无名指戴了蓝宝石戒指，蓝宝石也是一种石头，而石头的英文是 rock。所以有可能下次我们看到他的时候，一看到他的蓝宝石戒指，就想到 rock，对对对，好像他的名字跟 rock 有关，因此可以循线索回忆起 Rocky 这个名字。

除了视觉感官之外，我们同样可以运用其他感官进行记忆存盘，例如说我们跟 Rocky 握手的时候，感觉他的手很粗糙，就可以发挥想象力，想象他可能是干体力活儿的泥水匠，而泥水匠是不是得常常与石头为伍呢？名字跟粗糙的手可以构成一种关系，让我们轻易地记住他的名字。触觉也是头脑的一个线索。

在吸收学习资料的时候，只要多建立几方面资料的提示、多方面感官的线索并将之连贯起来，将来当你回忆这些资料时，就会发现相关的提示或线索，这种回忆功能很有用。这有点像电脑档案的目录设定，只要有丰富、多方位的搜索系统，再久的档案都能顺利地找出来。

③回想记忆

回想是极为重要的记忆工具，当我们回想时，我们将储存在潜意识中的资料"唤醒"或"找出来"以供我们运用。

研究显示，这个过程的准确程度有赖于当初资料如何归档。当人们评论自己的记忆差或是记忆力好时，事实上这不是绝对而是相对的，我们在记忆某些资料时的表现会有好有坏。

回想记忆指可以依线索找出资料，我们可以用独特的方法建立这些提示或线索，就像可口可乐的独家配方，也可以像九九乘法表一样人尽皆知。

回想记忆的形成方法很多，我们不妨回想一下自己小时候，学习的过程是充满着好奇和互动的，自己会调动各种感官来学习。

例如，小朋友学"狗"或是"dog"这个词时，会先从狗的图像学起：狗有四条腿，狗会汪汪叫，狗是很好玩的，狗会跑来跑去，狗有尾巴，等等。看到狗这个词会联想到整体的概念，并且连接头脑的好几处感官。所以当孩子听到汪汪声，他会联想到狗；摸到顺滑的皮毛，也有可能想到狗；等到他看到马路上的狗，就真正认识了狗。有了这些连接，头脑对这个词的回忆网络算是建立得比较完整了。

有些老师比较注重"用经验学习"。比如，你要一边跟人握手一边看对方的名片，一边观察他的样子一边听他的讲话，感觉他握手的力度，等等。

但这种用感官来学习的方法，只是加强了我们感官对资料的印象。我们强调的是系统的方法，用一些辅助却重要的操作系统，让回想回忆变得更强有力。

记Rocky这个名字时，除了通过握手感觉到他的手很粗糙，我们也可以在头脑里做一个联想，联想他的名字也有粗糙rock的感觉，这是用刻意的联想来加强记忆，想象得越详细，记忆的回忆功能越强。

也就是说，上面这个例子的联想过程是：当我们跟Rocky握手时，感到他的手很粗糙，于是联想到石头，又由rock想到Rocky——当我们通过各方面的感官和提示回忆资料时，整个记忆的功能就加强了。

同时，我们还可以不断地重复资料，从死记硬背的方法转变成灵活的复述。复述跟死记硬背最大的差别就是，复述是不断激发头脑的线索，多念几遍，变得朗朗上口，并熟能生巧，这样提示速度就会加快。

我们可以用各种方法，如用右脑的图像提示、线索的设定来帮助我们回忆资料，同时我们应该用重复、复述的方法来加强熟悉感、自信心，这样才能应用起来得心应手，临场发挥也能控制得比较好。

增强回忆功能的简单做法就是，将背过的资料整理成有规律、有层次的"档案"，然后给每个文件贴标签（提示、线索），当我们"看"或"寻找"标签时，能按图索骥找出来。

（一）复述可以强化记忆

衣柜如果没有整理，可能变得一团糟。所以当你没办法在衣柜里找到你想要的衣服时，千万别怀疑自己的衣服不够多，而是要想一下衣服是不是太久没有整理，没办法一下子从里面找到想穿的衣服。

也就是说，当我们没办法回忆、没办法记住我们要记的事物时，千万不要埋怨头脑的记性差或容量不够大，正是因为头脑的容量、空间太大了，才让我们找资料变得困难。脑袋之所以被描述成脑海，也是因此缘故。

衣柜需要挂钩、抽屉，抽屉需要用标签或颜色区分，才能有效地将衣物分门别类收拾好。头脑也一样，需要时时整理，这样我们才有办法来寻找我们想要的资料。

不断地练习，会让记忆如虎添翼。练习时要用对方法，才会有长期积累的效果。

有的同学常常去旅行，如果想从上海到北京，但是方向设定错了，一直往南边走，结果就是越努力，走得越快，离目的地就越远。

学习方法的运用也是一样，在熟练应用头脑的情况下，我们发现线索用得越多，回忆的速度越快、越流利。

打个比方好了，听到某位广播电台的主持人宣布："请快拨23258939，××老师将为幸运的观众解答记忆的问题！"小花听到之后，赶快冲到电话边，嘴里还一边紧张地念着"23258939、23258939"，生怕拨错号码，丧失大好机会。幸运的小花终于打通了电话，疑惑也得到解答。可是电话号码没写下来，小花过了一会儿就忘记了，这就是暂存记忆。不过，虽然记不起来，但是若问小花："是23258939这个号码吗？"小花就会拍拍自己的脑袋，肯定地说"没错"。这则是所谓的认知记忆。如果小花每天或经常有机会拨打这个电话号码，别人问起时她马上就能脱口而出，则就达到了回想记忆。

当然，资料或知识的重要性和趣味性，是决定我们如何处理记忆的依据，而适当的技巧则对上述三种记忆的转换有相当大的帮助。

比如考试时觉得许多题目都似曾相识（暂存记忆），却不能肯定地回答，等到考后翻书找到答案（认知记忆），只能捶胸顿足、懊恼不已；或是当场叫不出客户的名字（丧失记忆），等到对方提醒时（认知记忆），只能尴尬地表示："对啦！您是陈经理，我真是得了老年痴呆症。"这在英语里叫做"on the top of my tongue"，表示话都到嘴边了就是想不起来。亡羊补牢可不是尴尬脸红就没事了，学习成绩和工作表现大打折扣不说，对形象也有负面影响。

复述可以强化暂存记忆，处理认知记忆，进而使其转化成回想记忆。其步骤如下：

步骤一：适当的评估。评估暂存记忆是否应转化成认知记忆或回想记忆。

步骤二：了解问题症结。

新的信息若不处理，通常只能成为认知记忆。例如，考后看见答案才恍然大悟，便是认知记忆。

步骤三：正确的步骤。重复处理新信息有其必要性，绝大多数的国家政策、消费广告甚至妈妈的唠叨，都可算是洗脑式的重复告知。因为心理学研究显示，新信息至少得重复三次，才能由认知记忆强化成回想记忆。

步骤四：有效的过程。若像鹦鹉学舌般一味反复背诵，不但费劲，效果也未必最好。而复述是比较有效的方式：

第一，重复信息至少三次，以建立记忆存盘。

第二，创造具有暗示性的提示语，成为头脑数据库的线索。

第三，利用记忆回路强化重复效果，以提示语增强回想记忆。

例如，林先生为了一项公园工程去贷了款，分别是2年期50万元及4年期200万元。试着用下列步骤记忆这个信息。

步骤一：重复信息。

步骤二：寻找关联性。例如，公园有树，所以联想到林先生；2 年的 2 倍是 4 年，50 万元的 4 倍是 200 万元。

步骤三：利用任何提示以调出完整的信息。例如，看到公园就联想到林先生。

步骤四：重复上一步的动作，口脑并用以刺激记忆回路。因为，思考这些语句和能说出这些语句的能力是不同的，只有能脱口而出，才能真正地记忆和运用。

（二）凡写过必留下记忆

学习的过程中应该了解每一个方法的运用都是相辅相成的，只是比重不同，学习某些科目会比较偏重某方面。例如，偏重记忆、聆听或是笔记，但真正的力量来自于如何综合运用。如果想让很多资料在短期记忆里保留得更久一些，最好的方式就是做笔记。通过书写可以让我们把资料存进头脑里做长期存盘，笔记是桥梁，让暂存记忆变成长期记忆。

做笔记看起来好像没什么技巧，写下来不就好了，但是笔记要做得好，还是有一些技巧可操作。

第一，规格问题。就像电脑，我们可以用 windows 操作系统，也可以用 UNIX 操作系统，两者都不难。但是如果操作软件不兼容，可能就会碰到问题，笔记的规格也是一样。规格种类很多也没关系，但是要懂得用哪个规格搭配哪个技巧，才可以达到相辅相成的效果，所以规格很重要。

第二，排列问题。就算系统很好，如果没有明确的文件名，找资料的速度不够快，也会浪费时间。笔记也是一样，可能设计了很好的规格，但是要找资料时却不顺利，这就是排列问题。排列时要有明确的主标题、副标题，以及同类的标题能否在同一个位置找到，等等。

第三，浓缩，也就是精简资料。把书面的资料或聆听的信息变成自己的语言来叙述，会加深理解。例如，文言文的部分可以用白话文表达出来。有些文章的语法、语句很完整，但是我们记笔记时可以减少描述性的语句，用记重点词的方式记录。

第四，标题。有些文章的句子和段落比较多，可以从中挑选一句话当小标题。这个小标题必须是个叙述性的标题，像写作文必须有一个题目，报纸杂志的报道也要有标题，这样我们读报纸看到某个标题，大概就知道下面要讲什么了。当然报纸的标题要有噱头才能让别人注意，而笔记的标题得有代表性，让人一目了然，也可以多用副标题，只要看到副标题就知道以下段落的重点。

做笔记时只要活用这四种方法，再搭配其他记忆方法，对我们的整体学习一定会有很大的帮助。现在我们来做一点实际的运用。

一本书可能有三四百页，三四本书可能1000多页的内容，怎么记得住呢？这就要从里面浓缩重点，重点必须有个媒介才可以记住，要把重点变成笔记才有整理的空间。聆听也是一样，暂存记忆只能暂时保留信息，必须有更大的空间让信息停留，然后才可以处理记忆。

我们可以举多米诺骨牌效应例子，骨牌怎么排需要明确的规则，否则后面的牌碰不倒前面的，没办法引起连锁反应。骨牌如果排得对，1个碰2个、2个碰4个、4个碰8个，只要没有阻碍，可以从北京排到上海，这是连锁反应的力量。规则很简单，但做得不对就没效果，所以骨牌不能排错；但就算排对了，如果位置太远，碰不倒下一个也没用。

信息放在头脑里面，隔了太久才复习，没用。浓缩笔记也一样，段落太长，标题又太短，没办法用扣扳机的效果引出下一个资料；标题太长，有好几个句子，却只拿一个词来代表，看到这个词还是想不起整个标题也没有用。所以浓缩方法也有明确规则，但不必写太多东西，有时只写一个重点就可以让我们记得很多。

我们希望笔记的资料可以一步步浓缩，就像排骨牌。但是头脑里面的规则没这么简单，需要标准的工具和训练，所以用正确的规格做笔记就像用正确的操作系统，之后再配合分类、重点词和记忆、图像以及其他联想方法。

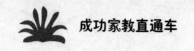

三、效果不错的记忆方法

我们对记忆已经有了一些基本的概念，不可讳言，每个人的智力和开发程度皆有差异，但并无绝对的好或坏之分。

当然人脑功能比电脑复杂许多，所以更需要进一步理解人脑的记忆系统及容量，开发策略、利用工具和方法来管理并记忆不同的信息及知识。

由于图像、文字、数字等资料属性不同，会影响其储存成暂存记忆或长期记忆。认知记忆与回想记忆的差异，也会影响记忆的效果。什么是暂存记忆呢？就是需要立刻派上用场的记忆。例如，听到一个电话号码立刻记在脑中，以便拨打这个电话；到法国卢浮宫参观，只要看指示牌就能找到休息室，并且能回到原来的地点。

只要能了解暂存记忆的功能，我们就不会因为记不住大多数不需要长期记忆的资料而自认记忆不好或是记忆衰退。如果我们听过、看过的信息全部印在脑海的话，那我们会疯掉的。所以暂存记忆的功能十分重要，而且只要某一信息足够重要、常会重复出现，头脑自然会将其转化成长期记忆。

（一）"压缩饼干"记忆法

所谓"压缩饼干"记忆法，就是在记忆时，有所简化才有所强化。所谓简化，就是先提炼出识记材料中的关键性词语，然后进行综合概括，形成一个或一组简单的"信息符号"，这样就更便于记忆了。

这个方法是四川省高考状元邱汛提供的。他说："记得刚学历史的时候，常常是'开卷了然，闭卷茫然'，做题也时常拿不准。究其原因，就是对知识的记忆程度不够，对课本里的一些知识点没有掌握透彻。但熟悉课本绝不能死记硬背，要掌握得分要点。首先，在学完一部分内容后，要思考这部分到底讲了什么。哪些是老师上课强调过的知识点。哪些又是应该掌握的要点。然后，带着这些问题对学过的内容进行处理，即用异色笔在书上勾画出每个要点最具代表性的一句话，并在每个要点前面用阿拉伯数字编上序号。就历史来说，划分要点可以根据时间、人物、地域、物产等不同的标准来进行。这样，经过条分缕析，一段文字里所包含的知识点就会凸现出来，一目了然，一方面减少了记忆量，重点突出；另一方面可以避免错记、漏记。同时，在划分要点的过程中可以加深对知识的理解，达到'一箭三雕'。"

可以看出，这种记忆方法就像制作压缩饼干一样。在简化和提炼过程中，对材料的认识提高了，理解加深了，会上升到抽象思维的高度去把握它。这种概括后的材料，可谓知识的结晶体，它言简意赅，具有代表性，容易与头脑中的知识结构相关联，很有利于记忆。

这种概括材料的主要形式有：

①主题概括。无论是宏篇巨制，还是诗词小令，都有一定的主题思想，只要把它提炼出来，就能概括记住材料的主要内容。

②内容概括。对内容繁多的识记材料，可以采取浓缩的方法，化多为少，抓住要点，就会大大减少记忆的工作量。

③简称概括。对较长的词语、名称进行简化，赋予它一个新名称，这样就便于记忆。

④顺序概括。把识记材料按原顺序概括，记忆时突出顺序性。如"王安石变法"内容：青苗法、募役法、农田水利法、方田均税法、保甲法，可简记为一青二募三农四方五保。

（二）"多通道"记忆法

如果你平时注意观察周围的同学，就会发现他们无非都在用一两种习惯的记忆方式：有的只爱大声读个不停，有的只喜欢闷头看个不休，有的不写就记不牢，有的不听就心里没数。

当然，这些方法也是正确的，会有一定的效果。不过，效果却不算最好的，原因就在于它们都属于"单通道运行"，信息主要是通过单一的渠道进入大脑。

心理学家曾做过这样的实验：让三组学生背同样的 10 张图片，第一组只用听觉记忆，记住了 60%；第二组只用视觉记忆，记住了 70%；第三组同时运用视觉和听觉记忆，记住了 83%，效果最好。宋代学者朱熹曾经提出，读书要做到"三到"："心到、眼到、口到。"说的就是要将视觉与听觉结合起来，协同记忆、理解记忆。研究表明，这种多通道协同记忆的方法比单纯用眼看或朗读要有效得多。另外，心理学家认为，单调的记忆方式不仅效率低，也容易带来消极情绪，导致心理疲劳，而多样化的记忆方法，就能避免这些问题产生，容易让人感到新鲜有趣，激发起更高的积极性。

多通道记忆法动员脑的各部位协同合作，来接收和处理信息。这种方法在掌握各种语言文字的过程中效果显著。因为不论哪一种语言，学习目的都是为了读、写、听、说，这四种能力恰恰涉及信息输入和输出的四种不同的通道，因此，在学习语文、外语、政治、历史等记忆性较强的学科内容时，最好采用多通道记忆法。

采用多通道记忆，可用如下方法：

①眼、口、心、手、耳并用。哈佛女孩刘亦婷就是通过这种方法来记忆的。她从小学起，就学会了记忆方式多样化的技巧。如果是在家学习，面对需要记忆的材料，她会综合采用这样一些方法：独自朗读、默读、动笔抄写、听有关录音、回忆要记的内容、默写、请父母当听众进行提问或抽查、跟父母讨论、做题等，用这些方式并应用知识来加深记忆等。她的这些方法里包括了眼、耳、口、手、脑等各种"信息输入渠道"。它们交替使用，全面调动了记忆潜力，效果非常显著。

②听、说、读、写相互结合。听、说、读、写是学习活动的四种基本技能，同样在记忆的过程中，也要把这四种基本技能利用起来。例如背诵一篇文章，你

可以对着录音机念一遍，把它录下来，然后播放，一边听一边跟着读，边读边品味作者的遣词用句、文章所表达的意境。特别是在学外语的时候，边听录音边跟着读，如果再能把听到的内容写下来，效果会更好。

（三）"吃甘蔗"记忆法

不少中学生面对一大堆要背的课文、材料，常有一种"不知从何背起"的感觉，有的学生甚至由此丧失了信心。"吃甘蔗"记忆法正是一种使你找到从何起步树立信心的好办法。

其实，"吃甘蔗"记忆法就是把要背的课文分成若干段，每一大段里又可分若干小段。如此这般，原来一大篇化成了若干小篇，若干小篇又可化成若干小段。一小段一小段记并不困难，信心自然也就有了。

江苏省某中学陈珊同学说，她背书不像别人那样一口气把一篇课文读完，然后一字一句地背。她背书时先读几遍课文，使自己熟悉一下要背的内容，然后像吃甘蔗似的一节一节下去，读完一节背一节，如果有的课文中一节太长，就把它分成几个层次来背。等每一节都背熟以后，把整篇课文读一遍，再背一遍。如果有的地方还不够熟，就重点读那部分。背上三四遍，有容易遗忘的部分，要重点加固。最后，再把课文背一遍，就行了。

她是怎样创造出这套背书方法的呢？那还得从一个晚上说起：那天晚上，陈珊看完电视正想睡觉，突然想起今天要背的课文还没背呢，这可把她急坏了，她赶忙找出语文书背课文，可是又一想，这篇课文太长了，要背到什么时候才能背完呢？干脆，把前半部分背完，后面的明天再背。她这样想着，就读起前半部分来。但是前半部分也很长，她就一节一节地读，然后连起来背。不一会儿，她就把前半部分背完了，她又用同样的方法试着背后面的，没过多长时间，竟也背出来了。以后，她记东西就都用这个方法。

可见，化整为零，化大为小，是符合记忆规律的好方法。

（四）"减肥"记忆法

这里所说的"减肥"，实际就是对记忆对象的一种概括。概括的过程正是一个思考的过程（什么是重要的，什么是次要的），也是一个提高的过程（这么多内容实际是说什么问题）。因此，概括不仅仅是便于记忆，也是一种提高效率的学习方法。

重庆市高考文科状元幸婧同学说："我记忆的一大法宝就是：尽量少记，只记最需要记的东西。比如说，8位数的电话号码肯定比十几位数的手机号码好记。但不少同学似乎忘记了这个最浅显的道理，什么都想记，自然什么也记不住。因此，当你发现自己记不住时，第一反应应该是：记得太多了，先得把要记的东西'减肥'。"

四、图像、联想、连锁记忆

（一）图像记忆与背诵记忆

我们知道高效率的记忆方法可以加强你的记忆力，提高你的学习成绩，增强你的学习效果，提升你的工作效率。为了这些梦寐以求的愿望，现在你要检讨一下过去学习和习惯，在了解自己还有可无限提高的空间后，寻找更好、更有效的的学习方法，这才是关键所在。

在讨论图像记忆之前，我们首先来了解一下人们运用头脑记忆功能的情形。大部分人，特别是亚洲学生记忆的时候会倾向用"背诵'的方法，背诵等于重复。这种死记硬背的情形英文有一种说法叫parrot fashion learning，其中parrot是鹦鹉，fashion是方式，鹦鹉学说话就是靠不断重复。在重视并鼓励思考、创造的美国，也有鹦鹉学舌式的学习方法，为什么会有这样的情形呢？

其实全世界的人们在学习过程中都会用到重复，这简直是全世界的共同现象。其中一个原因就是重复或背诵是一个自然而然的记忆系统。

小时候学东西时，我们会很自然地去模仿，会讲述所见所闻，因此背诵、重复的学习方法是从很小的时候自然而然建立起来的。由于这个方法是最容易掌握的，也是在成长过程当中十分好用的，因此大部分人过于依赖这种方法。

很多人把背诵描述成死背或者硬背，因为这个负面的描述，致使"背诵"被认为是一个不好的工具，其实不然，它唯一的缺点就是被过多地应用或者滥用。换句话说，很多的学习并不适用背诵的方法，所以只依赖背诵的人因为达不到好的学习效果，就会不满意自己的学习方法。

有些人背数字、电话号码或历史年代时，因为这些资料本来就不容易记忆，所以可能要背诵很多遍，但是却不见得能达到很好的效果。有可能背完就忘，忘了再背，在这种情况下就成了死记硬背式的恶性循环。

（二）百闻不如一见——认识图像记忆

为什么我们所讲的主题是图像记忆，却要先说明背诵的功能呢？这就像花时间研究电脑或是手机的使用说明书一样，我们要先看看这些产品所有的功能是什么，才能更准确地选择我们需要熟练运用的功能。

有关头脑记忆的功能应该先有一个"见林又见树"的整体观念，这样才能视情况选择运用不同的记忆系统。当然，其中也包括我们最熟悉的记忆工具——背诵。

很多人对图像法都有一点概念，什么概念呢？我们知道图像能辅助我们记住很多东西，也可以记得比较牢比较久。

有没有人会回想起自己 10 年前、15 年前或 20 年前的一些特别经验呢？（当然如果你还小，可以想想去年或前年的特别经验）这些经验也许是你印象特别深刻的，可能是恐怖或刻骨铭心的。例如车祸，摩托车被撞倒，受伤的人穿着白衣服、鼻子流血，地上都是他的书本，安全帽掉在旁边，你有可能还记得摩托车的颜色，甚至可能记得它的牌照，等等。这些鲜明的记忆可能让你记住十几年，甚至一辈子。

为什么十几年后很多自认记忆力差的人还能栩栩如生地描述上述车祸的场面呢？就是因为图像的缘故。车祸比较容易刺激一个人的感官记忆，所以我们自然会用不一样的感觉来做这方面的记录（记忆）。

当我们看到一些影像时，这些图像自然就会浮现在脑海里，并被记录到右脑里。不要忘记，除了视觉的存盘，还有其他的感官记录可以加入进来，例如，我们也可能记得车祸时撞车的声音，因此由听觉引出图像的存盘；还可能看到车祸引起火灾，闻到烟火的味道，在车祸现场还可能触摸到倒在地上的车辆或是受伤者，这就有了出嗅觉、触觉所记录的图像。

总之，如果我们用多种感官来记录一个情景，就会有特别深刻的印象，不仅会加强回忆功能，还会变成清晰的记忆。

很多人都有类似的经验，不仅是前面提到的惊悚场面，也有可能是一个特别美丽的场景，有可能是第一次看到心爱的人，或是第一次看到刚出生的小宝宝，或是看到一朵美丽的花，或者一场很棒的电影，等等。这样的图像在头脑里特别清晰，甚至过了几十年还能记住。

我们为此常感到困惑：为什么几十年前的事还清晰地印在头脑里，但是5分钟前听到的一个人名或半小时前放在某处的一块手表却怎么也想不起来了？我们在怀疑自己记忆力的同时却纳闷为什么能回忆起几十年前的图像。这一矛盾说明，其实好的记忆状况和不好的记忆状况同时存在。

（三）眼见为凭——视觉学习

全世界的学者、专家倾其一生研究人脑的密秘，而我们对人脑的了解就像我们对自己脑力开发的程度一样——真是少得可怜，其中一项研究就是头脑的记忆功能。头脑记录感官的记忆存盘很重要，用味觉、嗅觉、听觉、视觉、触觉记录信息是一种较好的记忆方法。

　　为什么从这么多种感官记录中特别挑出图像来呢？因为最强的记忆工具就是图像法，如果没有图像的回忆，整个回忆的功能可能就没有这么强。

　　我们常说"眼睛是灵魂之窗"，这个说法真的很有意思。虽然我们强调要善用所有的感官，但不可否认的是，我们更常运用眼睛来获取绝大部分信息，而且我们由视觉所获得的信息，远比通过其他感官来得有层次、有深度。正常人的眼球都是超级而且快速的扫描仪，经由眼睛所扫描的图像一旦储存在头脑中，几乎会保留一辈子。

　　了解以下几个重点，会更有助于我们学会图像记忆法，逐步创造"心灵的图像"。图像法对记忆的帮助是很重要的，我们已经知道几十年前的情景可以通过图像来回忆。而且每个人都有这种功能，并成功运用过。那如何才能操作图像，并运用到日常生活中呢？下面介绍一些图像法中的特殊规则，来帮助大家进行记忆存盘。

　　第一：图像清晰具体。

　　右脑所拥有的创造图像的力量，可以让我们"想象"出图像以加强记忆的存盘，而图像记忆正是运用了右脑的这一功能。研究证实，在感官记忆中加入其他联想的元素，可以加强回忆的功能，加速整个记忆系统的运作。

　　所以，图像联想的第一个规则就是要创造具体而清晰的图像。具体、清晰的图像是什么意思呢？比方我们来想象一个少年，你的"少年"图像是一个模糊的人形，还是有血有肉、呼之欲出的真人呢？如果这个少年的图像没有清楚的轮廓，没有足够的细节，那就像将金库密码写在沙滩上，海浪一来就不见踪影了。

　　①细节图像

　　细节可以强化图像，细节可以赋予图像灵魂，例如玫瑰花，我们不要只满足于想象出一朵被压扁的玫瑰（平面的玫瑰），而要练习进一步想象出这朵玫瑰花颜色的深浅，是含苞待放还是娇艳盛开，是名贵的长茎玫瑰还是本地产的短茎玫瑰，绿油油的茎上长着尖刺，还是散发着暗暗的幽香。

　　例如牛肉，你想到的牛肉是什么样子？是血淋淋的肉片，还是放在盘子里半生不熟的牛排？

例如公共汽车，你想象的公共汽车是崭新的德国奔驰公车，是老旧的电车，还是一阵黑烟（公车已经开走了）？车牌是什么呢？公车上有人吗？乘客是稀稀疏疏还是挤得像沙丁鱼一样？这些细节都能强化记忆的存盘。

②颜色图像

除了细节之外，我们还可以运用颜色加强记忆的存盘。创造图像时当然可以是一片黑白，也可以给图像一点颜色瞧瞧。视觉原本对花花绿绿的颜色特别有反应，若是能运用色彩描绘我们创造的图像，快速记忆就如花开遍地一样灿烂了。

③抽象概念借用法

遇到抽象的事物如何转化成图像呢？例如灯光应该用什么样的图像呢？这时候我们需要发挥联想的功能，并且借用适当的图像来达成目的。灯光可以借用手电筒、台灯、灯塔……好喝的饮料可以借用果蔬汁（我爱喝保健饮料）、热腾腾的蓝山咖啡、优酪乳……法律可以借用警察、法官、法槌等。既然是借用具体的图像，我们就得记住要还原成原本抽象的事物或概念。

④图像急救站

有些人可能会认为自己的头脑已经成为"固体"，记忆能力或图像能力不好，或是没办法想象那些图像，大呼"怎么办"。其实，上述的怀疑多半是一种预设立场或先入为主的自我限制。

大多数学生都是力争上游型的，其中60％的学生在日常生活中给自己很大压力，或者在学习中面临很严峻的挑战，已经习惯运用逻辑思考或理性的方法学习。所以图像和想象的能力已经被打入冷宫很久了，英雄无用武之地，但是派不上用场并不用等于说我们没有这个能力。

每个人年幼的时候，都具备非常丰富的图像能力和想象力，只是在成长过程中，过多地用理解或用背诵的方法来学习，因此有可能渐渐远离了图像法。

不要忘记，我们每个人都有能力做梦。很多人说自己不会做梦，但是根据科学的研究发现，每个人都是会做梦的，只是没办法回忆起曾经的梦境。如果是在快睡醒时做了梦，醒来时就可以一清二楚地描述出来，由此可以证明每个人都有用右脑创作或想象的能力。

第二：复制"白日梦"经验。

放轻松是创造图像的第二条规则，因为紧张时肌肉紧绷、瞳孔收缩，整个人呈"备战"状态，实在不利于任何创作活动。身心放松时，右脑才有能量创造特殊的图像。

我们常常有上课沉闷或是坐着发呆等情况，这时不妨来做做"白日梦"，白日梦都是玫瑰色的，也许梦到中奖成为亿万富翁，或者白马王子终于现身。

我们用最轻松的方法做白日梦的时候，都是有图像的，会用想象来创造很清晰的形象。所以首先就是不要自我限制，相信自己有这个能力。

除了通过心理暗示，一些环境或是生理的调整也能帮助我们放轻松。从调整呼吸、保持好心情，到日常养成的好习惯，如饮食均衡、静坐、有氧运动、睡眠充足等都是让紧张的现代人放轻松的妙方。

第三：感官强化图像。

我们要善用感官强化记忆，夸张或幽默也是加强记忆的好方法。

想到老鼠，当然可以想到家里的老鼠，小小的、跑来跑去的。如果加点夸张、幽默的色彩会更好。比如，可以把老鼠想象成人一样大，或者把老鼠变成米老鼠，老鼠会跟人讲话，老鼠会跳舞等。再比如，我们可以创造一个胖乎乎、非常卡通的相扑手老鼠，甚至感觉到相扑手走路时地板都在震动，真是有"分量"的记忆呢！

图像有非常强的记忆协助功能。感官记忆就像攀岩时的爪钉，爪钉如果像铁钉，就不容易产生足够的张力抓住岩石缝，也就无法承受我们的重量。所以我们要多练习运用感官图像将记忆牢牢抓住。

（四）联想的神奇力量

什么是联想呢？联想就是搭起一座记忆的桥梁，利用我们熟悉的事物连接新的信息，因而它是一种节省时间并强化记忆的方法和系统。

大家都很惊讶如此简单的方法，却能产生惊人的效果。没有经过良好学习训练的人，通常只会用重复加上背诵的方式学习，这种"一招半式走天下"的后果常使自己陷入"背了又忘、忘了再背"的困境。其实只要将已有的知识和新的知识，转换成连贯的、有提示线索的头脑数据库，记忆就成为取之不尽、用之不竭的源泉了。

比如记忆意大利地图的方法，意大利地图像高筒的马靴。回想一下马靴的样子，圆柱形的靴身、流行的鞋尖、锥形的鞋跟。没错，意大利就像优雅的女士伸出穿着马靴的腿，一脚踩出欧洲大陆，这就是一个好的联想——从我们已经知道或熟悉的事物（马靴），延伸到新的或陌生的学习对象（意大利地图）。经过联想处理后，就不会忘记意大利地图的样子。

但问题在于我们有没有善用这个方法，有没有将这个方法系统化，使我们能轻松记住世界各地的地图。当然有人会说："又不是每个国家都像鞋子，哪那么容易记住！"其实，如果每个国家都好像某样具体事物，那么只要单纯的视觉记忆加上重复记忆就大功告成了，反而不能发挥联想的真正作用。

例如，在电视上看到一位当红明星，她有漂亮的脸蛋，披着一头乌黑的秀发，我们可能会想到有个朋友也有令人羡慕的长发，这也是一种联想。

再如，我们到泰山旅游，刚好天空飘起雪花，眼前美丽的景色让你联想起千禧年和朋友结伴去奥地利滑雪的情景，这应该是中国人所谓的触景生情吧。比方说，你可能想到当时自己还在念书，到2008年就已经工作了，提到2008你会联想到中国有什么大事发生？对啦，北京奥运会在这年举办。从泰山飘雪到北京奥运，这两个原本不相关的资料，也有了自然的联想。

这时又有人会问："这种联想为什么能产生强大的力量呢？"不管是像马靴一样的意大利地图、电视明星还是你的长发朋友，或是泰山和北京奥运，这些原本不相关的资料，都可以通过联想，使我们可以借由已熟悉的资料去学习新的资料。

（五）联想记忆画面观

联想法有很多种，任何可以使我们从已有的资料联想到新资料的方法，都是联想法。编故事也是一种联想法，如果我们在记忆的过程中创造一些故事，也会帮助记忆，我们可以想象一个故事的整个流程，就像看电影一样。

联想具有无穷的力量，我们可以运用已有的资料帮助记忆新的资料，无限地扩充我们的记忆库。既然条条大道通罗马，我们就来瞧瞧联想有多少种方法。

①故事联想法

第一种联想是很多人都知道的故事联想。故事联想是最简单的联想，为什么简单呢？它就像看电影一样，只要看过电影，就能回忆出其中的细节。的确，电影的情节应该比书本的知识更容易记，除了电影有声色光影外（听觉记忆＋视觉记忆），丰富的故事情节更是快速记忆的关键。所以不妨运用故事联想的方法，让记忆更牢固。

比方说今天你要买 CD，还要买白菜回家让太太做饭，下午 5 点钟去蛋糕店取订好的蛋糕，送给朋友当做生日礼物。面对这些要办的事，除了用笔记下外，你也可以编故事来记忆它们。例如，你可以想象你的朋友出了张 CD，今天要特意请他到家吃蛋糕，还要请太太做一道好吃的白菜，庆祝他的生日。这样一来，经由自编自导的故事就比较容易记住了。故事联想的优点是只要有情节，就可以记住所有要记的资料。看了上面的例子，大家一起练习故事联想吧！

今天你的朋友需要帮你买电池、马克杯，还要记得到火车站帮你订下星期出差的火车票，怎么连贯成一个故事呢？比如，你录音机的电池快用完了，于是就到 7.11 便利店买些电池，这时碰到一个朋友，就一起到咖啡厅用马克杯喝咖啡，然后朋友告诉你说下星期一定要找机会坐火车去桂林看看。在这个故事联想过程当中，包含去 7.11 便利店买电池，碰到朋友去咖啡厅用漂亮的马克杯喝咖啡，之后朋友建议你买火车票去桂林旅游。

讲完这两个例子，有人会问："原本只要记住三四件事情，背下来就行了，为什么要编出这么复杂的故事呢？"

问得好，在上面的故事联想练习中，故事本身比记住三件事物复杂得多，因为我们的头脑比较容易接受像电影剧本一样的流程，所以把一些比较简单的资料串联成故事，更容易记住。

另外，故事联想方法简单，只要善于联想，再多的资料都不是问题，还可以随着故事联想做长期存盘使记忆变得更牢固。当然，联想的方法有许多种，我们可以视情况选择不同的联想方法。

②图像联想法

我们还有其他联想的经验吗？当然有！例如，看到一个男孩子，刚好他的相貌有一点像"阿汤哥"（汤姆·克鲁斯），个子不高，长得很帅，笑的时候有酒窝，眉毛很浓密等。这种借由其他事物的某些特征进行联想的方法就叫做图像联想法。

③两两图像联想法

还有一种联想就是两两图像的联想。刚才我们已经学会图像联想，现在要练习将两个图像连接，把两个图像设计成一个可以看到的图像。这个方法可以使我们回忆一个图像时自然连接到下一个图像。

例如看到一幅画，一只老虎蹲在石山上，这两个事物放在一起就成为一个联想，将来想到石山会很容易想到老虎。又例如，看到著名画家达利的一幅有很多时钟的画，时钟都是以熔化的形式被描绘出来。这时就很容易联想到不同款式的手表。

④流程联想法

Pattern 就是"基础、流程"的意思，我们的日常生活都有一个模式：起床、刷牙、吃早餐、上学上班等。这种固定模式很容易使我们从起床联想到刷牙，联想到吃早餐，联想到上学上班。

所以若记忆的事物有流程可循，或是我们可以创造出类似流程的联想，就能产生牢不可破的记忆链，可以从头记到尾，自然也能从尾记到头。

⑤声音联想法

什么是声音的联想呢？除了声音本身的特质，如音频、音质、音量可以作为联想的线索外（例如，某人的声音低沉，我们可能会联想这人很沉稳；尖厉的声音可能联想到紧急、恐惧等情景），谐音或译音也可以成为声音联想的素材。

先来看看谐音联想，例如，我们有位优秀的讲师叫何景峰，这个名字如果倒过来讲就变成"峰景何"（风景河），可以想象一条有美丽风景的河。还有一位学生叫做蔡喜慧，似乎没有谐音可以帮助记忆，但是如果倒过来念就赫然成了"会洗菜"，印象一定很深刻。

再来看看英文的译音，外语翻译应谨守三大原则（信、达、雅，指的是要忠于原文、译文要通顺、用词要文雅），在翻译外语名词（姓名、地名、专有名词等）时应因性别、职业、性格等特征，设法译出最合适的"声音"。

例如我们众所周知的美国电影明星汤姆·克鲁斯（Tom Cruise），Tom 的译音"汤姆"，可以由谐音变成"他母"，再联想成"他"的"母"亲很美。因为想到他的母亲很美，而联想到他叫做汤姆，这两个联想会让我们更容易记住他的名字。另外一个知名的美国人物叫做基辛格（Henry Kissinger），光听中文译名就会联想到这个人很有特点、很有性格，我们可以联想他亲吻（kiss）一个歌星（singer）。因为听觉（声音）是重要的信息来源，如果可以第一时间运用声音联想做记忆存盘的话，学习不但更有效率也会更有趣。

⑥韵律联想法

韵律联想也叫节拍联想，或是旋律联想，我们知道节奏感可以帮助记忆获得提示。有些同学在学习时喜欢有动听的音乐相伴，有些父母不赞成孩子读书时听音乐，生怕这样读书不专心，怎知这些节奏、旋律可以帮助记忆呢！

有一种音乐叫做 Rap，这是一种节奏感强烈、具有说唱风格的音乐，有人翻译成"饶舌乐"，倒还挺传神。如果可以将要学的内容套进 Rap 的旋律，就像唱歌记歌词一样，应该比枯燥地背历史更朗朗上口吧。

歌曲旋律会让人自然联想到歌词，是因为押韵起了作用，例如"你问我爱你有多深，我爱你有几分，你去想一想，你去看一看，月亮代表我的心……"大家能熟读《唐诗三百首》，除了唐诗意境优美（故事联想或图像联想）外，押韵的作用也是功不可没的。

例如，"床前明月光，疑是地上霜，举头望明月，低头思故乡。"当然吟诗时，摇头晃脑（动作节拍）也能加强记忆。

中文能押韵，英文也可以，例如，"one sun，two do，three tree"，one 听起来像 sun（太阳），two 很像 do（做），three 很像 tree（树）。

另外节拍也能起到提示的作用，除了唱歌外，有人想不起事情时，会习惯性地弹指节或是用手指敲桌面，这些节拍可以帮助提醒记忆哦。

⑦口诀联想法

接下来的联想是口诀联想，什么是口诀联想？相信大家都很熟悉。联想是一个大家庭，成员很多，分类也很多，互动、组合这些成员，需要不断练习才能领会其中的奥秘。

口诀是利用关键词、押韵、节奏、图像等联想的元素组成的"鸡尾酒"联想法（即多种事物混合的综合产物），通常很多口诀是 5 个字或 7 个字。

口诀除了有节奏感外，也可以运用谐音。例如，参加八国首脑会议的国家包括俄罗斯、德国、法国、美国、日本、加拿大、意大利及英国。我们可以从每个国家的第一个字下手，变成"俄德法美日加意英"，然后运用谐音协助联想，比如"肚子 [ZZ（] 饿的话 [ZZ)]（俄德法）每（美）日（日）加（加）一（意）鹰（英）"。就是肚子饿的话，每日加一只老鹰吃。这是个很好笑的句子，却使我们轻松地记住这些国家。相信这样的口诀，加上一个饥饿的人吃老鹰的画面，一定会产生足够的联想，八大国家脱口而出。

⑧自然联想法

natural 是自然，concept 是概念，就是能自然而然联想到的事物。例如，提到运动你会想到什么？因为每个人的背景不同，有人会想到健康，有人会想到运动伤害，有些人会想到奖牌，等等。说到游戏有人会想到欢乐，有人会想到同伴，有人则会想到没做完的功课。看到一朵花有人想到美丽，有人想到果实，有人则想到花开花谢。无论是正面的、负面的联想都是自然产生的。

⑨顺序联想法

natural order 的意思是自然的顺序。如果我们运用自然的顺序进行联想效果怎样呢？比方用"1、2、3……""A、B、C……""One、Two、Three……""甲、乙、丙……"这些我们熟悉的序号，串联起我们需要记忆的资料。以前中国人结婚时，司仪扬声："一拜天地，二拜高堂……"这种顺序感就像歌曲一样，能够一个接一个地把资料串出来。

好了，大家已经了解了9种联想系统，这些系统可以供你运用和发挥。希望大家能发挥创造力，打造一座座联想的桥梁，不论是跨海大桥、乡间吊桥，都能发挥连接两岸的功能，让记忆跨向更广阔的知识彼岸。

（六）连锁记忆

连锁（chain method）是记忆一种非常重要的联想系统。当我们记忆事物时，若只能死记硬背的话，既浪费时间效果也有限。如果需要记住的是一连串有顺序的资料，例如日程表（日常讯息）、铁路沿线的城市（地理）、中国宋代皇帝年号（历史）、急救的标准程序（工作流程）、演讲内容，等等，连锁法能提供很大的帮助。

既然有好办法可以解决死背的问题，大家一定迫不及待地想知道到底连锁法有多大魔力。现在，从连锁法的英文字面来解释，chain 的意思是链子，大家可以想到的锁链、项链等都是 chain。chain method 就是将资料像锁链一样，一个接一个地连起来，这样所有的资料都会以这种两两相连的方式，顺序不乱、准确地记录下来，达到完美的记忆效果。

为什么叫连锁法或锁链法？就是可以把记忆的资料环环相扣串联起来，就像锁链一样，一个环连着一个环，可以接续5个、6个、7个……100个、200个、300个……头脑的资料从一个提示、一个线索、一个小抄、一个重点开始，环环相扣，把所有的资料串联起来。就像唱歌，虽然忘了歌词，但当旋律响起时，歌词就会源源不断被带出来，这就是连锁记忆。

①连锁记忆四大规则

只要遵循连锁法四个基本的操作规则，就能达到快速记忆的效果：

规则一，要用具体的图像，做图像的连接；

规则二，做图像连接的时候，两个图像一定要有视觉上的接触；

规则三，联想时一定要使图像两两相连；

规则四，用同一个图像连接前后两个图像。

一条完整的锁链是环环相扣的，当锁链乱成一团时，是因为一个环连接了多个环，不再是直线的锁链。头脑运用的连锁法也一样，千万不要一个图像同时连几个图像。千万不要鲨鱼咬老虎，老虎咬猴子，猴子又咬鲨鱼，成为一个封闭的圆环。

请注意规则四，一定要用同一图像做连接。例如，鲨鱼咬老虎，如果老虎很大，千万不要想到老虎咬的猴子是很小的，比例一致不容易出错。

连锁记忆还有一个极为重要的条件就是，每个图像就如锁链的扣环一样，要环环相扣。也就是说当记忆一些资料，从上面联想到下面的时候，需要加强第一个图像跟最后一个图像在视觉或其他感官上的连接，因为必须有好的联想来确保中间的事物不会忘记。

想要有顺序地记住杯子、笔、耳朵、钥匙、窗户5件事物，当然可以用我们擅长的背诵。但是如果资料各自独立、互无关联，不但不容易建立顺序，而且忘了其中一两项也没有清楚的线索可以回想。

现在大家了解了连锁记忆法，就可以运用它达到快速记忆的效果。

步骤一：将需要记忆的文字转化成具体的图像。（规则一）

步骤二：做两个图像的连接。可以想象蓝色杯子（加进颜色加强印象）里放着红色的笔。（规则二：两个图像一定要有接触）

然后，从笔联想到耳朵，想到笔插在耳朵里面，之后从耳朵联想到钥匙，想到钥匙挂在耳朵上好像耳环；再从钥匙联想到窗户，想到钥匙戳破窗户的玻璃，所以钥匙插在破玻璃上。

请注意，如果我们想象把一支笔插在某个人的耳朵里，钥匙像耳环一样挂在同一个耳朵上，就不能想象成笔插在某人的耳朵里，钥匙挂在大象的耳朵上。切记，要用同一个图像做前后连接。

通过创造图像，把图像两两相连，资料就像锁链一样环环相连，一个不漏、顺序不乱。只要按照规则不断练习，大家一定可以走出死记硬背的困境，对自己的记忆力重新燃起信心。

②环环相扣记忆无限

连锁法有一个非常特别的作用，就是它具有环环相扣的力量，可以连接5个、10个，甚至100个、200个资料。就如同唱歌，很多年没唱过的歌，只要能哼出旋律，后面的歌词就会自然哼出来。

日常学习中，我们常常要面临很多需要记忆的知识，而且这些知识相互间没有明显联系。我们往往可以不必死记硬背，通过快速记忆方法把枯燥乏味的记忆材料转化为生动易记的物像，并通过有趣的奇特联想串联起来，来强化记忆效果，再结合科学的复习方法，就能达到记忆快速、长久、牢固的目的。

美国记忆研究专家哈利·洛雷因有很高超的记忆本领，有一次他拿一副扑克牌让朋友洗过后摊在他的面前。洛雷因看了30秒钟就让朋友把牌顺序拢起，让朋友任意说出某一张牌，他马上可以说出这张牌的位置。后来朋友改变了方式问："第43张牌是什么？"他马上答道："是方块9。"翻开一看，果然也是对的。洛雷因怎么有这样高超的记忆力呢？因为他采取的是连锁记忆法。

采用连锁记忆法，把毫无联系的内容串起来后，一口气可以记忆几十个、上百个，不但"记"与"忆"快速，而且大脑负担轻松。例如，我们打算记忆10件毫无关系的事情，不过可以不限于名词：飞机、树木、信封、耳环、水桶、唱歌、篮球、腊肠、星星、鼻子。要是逐个记忆，当然不是件简单的事。但是，通过记忆链的联想方法，就容易记牢。最好采用离奇的联想，联想步骤如下：

第一，把飞机和树木通过联想联系起来，可以想象这样的景象：巨大的树木就犹如一架大型飞机在空中飞翔。

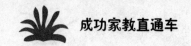

第二，再由树木联想到信封，无数像信封样的果实挂满了枝头 (或巨大的信封中装有树木)，必须让事物形象地在脑中浮现。即使是 1% 秒那样短的时间也好，最主要的，是要使联想到的事物形成清楚而稳定的形象，以便使极清楚的形象在决定性的一瞬间出现在脑海中。千万注意，别把思路弄乱了。

第三，由信封想到耳环，当打开信封时，无数耳环朝自己的脸上飞来，或把信封作为耳环戴在自己的耳朵上。

第四，再联想水桶，想象耳环下挂着巨大的水桶。

第五，接下来是"唱歌"。想象巨大的木桶张开大嘴在唱歌，或想象自己头套水桶在唱歌。

第六，唱歌人的嘴中飞出无数个篮球，或者想象篮球在唱歌。

第七，由篮球联想到腊肠。想象腊肠在打篮球，或者想象篮球运动员用腊肠作为球进行比赛。

第八，联想星星，把天空中的星星想象为大腊肠。

第九，联想到鼻子，想象星星长着巨大的鼻子，或者想象自己的鼻子是一颗大星星。

通过这样联想，就把 10 件事物联系起来了。当然这里的联想有点麻烦，一旦习惯之后，在 10 秒钟内就能联想完毕。只有第一个"飞机"没有联想物，需要稍费点力气。但只要想起飞机，后面的就能想起来。飞机——树木——信封——耳环——水桶——唱歌——篮球——腊肠——星星——鼻子。

学习中利用连锁记忆法可以收到事半功倍的效果。

例如：在学习地理课时，记东北三省九大工业——钢铁、石油、煤炭、森林、造纸、化学、机电、汽车制造、机械制造，用如下一串连锁：

钢铁——石油：以铁水为钢铁工业的代表形象，想象到通红的铁水一流出来就变成乌黑的石油。

石油——煤炭：石油流到某处就凝结成煤炭。

煤炭——森林：凝结成的煤炭上突然长出大树来 (大树代表森林工业)。

森林——造纸：大树上面长着的不是树叶，而是一片片纸。

造纸——化学：纸上画着一个试管（试管代表化学工业）。

化学——机电：试管里装有一台大型发电机。

机电——汽车制造：汽车将发电机从试管里拖出来。

汽车制造——机械制造：汽车一下子撞到大车床上（大车床可以用来代表机械工业）。

如果能够熟练运用连锁法，要记住九大工业所需时间很短。

（七）联想与连锁

连锁法也是联想系统中的一种，联想是比较广义的说法。在学习过程或记忆过程中，如果可以适当地运用联想和连锁的方法，就可以多一些提示来帮助记忆或做资料的存盘。连锁法是利用简单并且有效的方法，建立有顺序的记忆线索，在联想系统中，常常起到"小兵立大功"的作用。

联想是每个人与生俱来的能力，意大利地图让我们联想到马靴，看到马靴就会想到意大利地图，这就是联想的运用。当看到一个紫色眼睛的外国女孩，你可能会联想到有着同样紫色眼睛的明星伊丽莎白·泰勒，这就是形似联想。

联想有很多种，可以由押韵和口诀，谐音和译音联想到其他概念。

连锁法是一种特别的联想法，如果说联想法是一个文件包，那连锁法就是其中的一个文件。

（八）图像与连锁

连锁法只有跟图像法一起运用，才能达到最好的效果！

首先，如果我们要记忆很多资料，不管是今天要买的菜，还是演讲内容的提示语，或是要记住一大堆人的名字，又或是放在办公室中资料的顺序，又或者是开会的流程、座次，等等，当我们把一些杂乱的事物放在一个有顺序的挂钩里做联想时，怎样确保这些事物可以像锁链一般，一环一环顺利地连接起来呢？

这时候就得利用图像法。清晰具体的图像可以加深我们的印象。把感官联想或夸张幽默的想象放进去，再运用动作、颜色让图像鲜活起来，之后做视觉图像的连贯。这样就能使平面的资料立体化，加强连锁记忆的效果。

举例来说，妈妈要孩子按鲨鱼、老虎、猴子、坦克和洋娃娃的顺序把这些玩具整理好，要怎么做呢？

这时，只要运用一下想象力就可以了。想象一个画面：

鲨鱼咬住了老虎，而老虎的嘴巴咬着一只猴子的尾巴，可是猴子坐上坦克蹿来蹿去，这时坦克发射出一个洋娃娃。这些画面环环相扣，将来只要想到鲨鱼咬到什么东西，就会联想到老虎，想到老虎咬着什么动物的尾巴，就会联想到猴子，想到猴子在那里蹿来蹿去，就会联想到坦克，最后想到坦克发射了什么，就想到洋娃娃。

我们发现只要有一个具体清晰的图像出现在脑海中，就可以源源不断地带出其他图像。

再比如，今天我们要去买一些东西，不需要记下来，看看有没有办法记住它们。

首先，买一盆花，这盆花是带有泥土的白色菊花，接着要买樱桃，想象一下樱桃放在菊花花瓣里，打开花瓣就看到一个红红的樱桃，这就是连锁联想，即把两个具体的事物挂钩或连接在一起。

接下来想写一封信给朋友，可以想象樱桃红红的汁液滴到信纸上，由信纸联想到写信。然后是付电费，想象一张纸被电的情形，纸被烧得黑黑的，就想到要付电费。接下来是买手机电池，想到手机的电池就联想到发电。最后，记得一定要买玉米汤给朋友喝，想象这碗玉米汤上面漂浮着手机，还可以清楚地看到"摩托罗拉"的字样。

以上就是利用具体的图像来做连锁联想，也就是将两个具体清晰的图像连接起来，由第一个图像带出第二个、第二个图像带出第三个……

回想一下，第一个看到的是什么？是一盆花，带有泥巴的一盆菊花，当打开菊花花瓣时里面有红红的樱桃，由红樱桃联想到红红的汁液滴在一张纸上，然后想到用纸来写字，写什么字呢？原来是写信给朋友。之后想到信纸被电烧焦的样子，就想到付电费，接着想到电从哪里发出来？哦，电池，什么电池，就是手机的电池，是摩托罗拉的电池。最后电池出现在哪里呢？漂在玉米汤上，因此想到要买玉米汤给朋友喝。

（九）故事与连锁

连锁法还有个非常重要的规则，就是没有必要"编故事"。很多人觉得很惊讶，连锁、联想本来不就是故事吗？如果稍微留意一下，大家不难发现，当两个图像放在一起进行联想的时候，并不需要任何逻辑性，也就说没有任何原因要这么联想，也没有必要创造任何故事或者提前告诉大家为什么这么联想。

像上面的例子，鲨鱼咬老虎、老虎咬猴子尾巴、猴子爬上坦克……这个联想里并没有任何故事，这些事物放在一起没有任何的关联性。我们并没有说鲨鱼是因为在海里找不到食物，肚子饿了就爬到森林里找东西吃，又觉得其他动物都不具挑战性，所以专门挑老虎来打架。这其中没有创造故事，因为没有必要。

在连锁法里没有必要编故事。

很多人会问为什么不用编故事呢？因为运用连锁法时，编故事的话会出现太多具体的图像，使得连锁的一个环挂上第二个、第三个、第四个……情况会变得混乱。这样就违背了连锁法的规则——图像环环相扣。最后会忘记哪个是最主要的连贯。

第二个不必编故事的原因是会花时间。两个事物挂钩在一起使视觉看得到，是最直接的路线，不必花太多时间。但是，故事也是联想的一种方法，可以帮助我们记住更多东西，比死记硬背清楚方便。故事法就是联想中的一种方法，但这两种方法不易结合使用。

（十）加速连锁记忆

让我们复习一下连锁法的四规则：

第一，使用具体清晰的图像，抽象的事物可以用具体图像来代表。

第二，图像两两相连、环环相扣。

第三,一定要有视觉上的接触。

第四，用同一个图像前后连接两个图像，不需要编故事。

遵循以上规则并有效运用，可以把很多事物按顺序清楚地记下来。

平常记资料或读书的时候，大概都是用死背的方法，可能花上 1 个小时都不见得背下来，背完之后，过了几分钟来考试，也不见得能全部答对；再过半天，可能已经忘了一半；5 天之后，可能已经忘光了。

请大家运用连锁法尝试一下，看有没有办法把时间缩短。

本来一个多小时才能搞定，现在可不可以在 10 ～ 20 分钟内完成？当然有可能做得到。过几分钟后再考自己记住了多少，能不能把分数提高一点？如果做得很好，甚至可以记住百分之百。半天后再考自己一次，会不会发现保存能力真的加强了？确实如此，过了半天之后也不会忘太多，过了 5 天后还有可能记得一半，甚至七八成。更棒的是，只要多花 5 ～ 10 分钟复习一下忘记的和易错的部分，就会发现记忆力真的越来越好了，应变能力也越来越强了。

（十一）连锁记忆弹性大

大家对头脑记忆大量信息的能力一定感到非常惊讶。其实我们每天都在不断接收新的信息，如何把这么庞大的信息做整理、回忆起来呢？

首先，要正确存盘。很多人以为放这么多东西在头脑里，头脑一定无法应付。其实，头脑处理资料的能力几乎是无限的。只要存盘正确，不管回想 1 年、2 年，还是 5 年、10 年、30 年以前的资料，都有办法回忆起来。头脑很像一部电影，第一个画面带出第二个画面、第三个画面……每天都在吸收新信息，甚至睡觉时，潜意识也可自行吸收资料。

我们每天看电视、看书、打电话跟朋友聊天，或是观察周围所发生的事情，其实头脑都不断地在吸收新的信息。想一想，一个人每天有 24 小时，人生如果有 75 年，就有 65.7 万个小时、3942 万分钟，我们的头脑几乎每分钟都在吸收资料。吸收资料的时候意识并不一定可以立刻回忆起信息，根据很多专家的研究，潜意识也会保存很多资料，在有提示或刺激的情况下，很多资料能被带动出来。所以，只要保证存入正确的信息，意识就能作出反应。

其次，整理信息，保证信息的系统性。头脑吸收资料是靠一天天累积的，头脑运用资料很像衣柜或硬盘。如果我们每天把衣服丢进衣柜不整理，没有挂钩也没有抽屉，或像电脑，每天的资料全部存入硬盘里，没有主目录、子目录的管理，恐怕寻找资料会花很长时间。又如大学里的图书馆，如果没有目录管理、编排管理，我们要找某本书就比较困难。头脑资料也一样，如果没有经过整理，要找资料就会很辛苦。

为什么连锁法有如此大的力量可以把资料环环相扣，由一个资料带出第二个、第三个……因为连锁法是运用系统让头脑的资料像一个挂钩、一个抽屉一样有明确的标签，清楚地知道每个资料是怎么带出来的，而不是辛苦地向头脑里塞进更多东西。因此，如果有 1 个、2 个、3 个……甚至 100 个抽屉，相信大家都有办法找到想要的资料。

①连锁记忆力量大

如果目前大家还没感受到连锁记忆的强大力量，可以不断地做练习，每天增加 5 个资料，不断累积；如果可以把它们按顺序连接起来，按照规则环环相扣，那么要记住更多的资料就不会是件辛苦的事。头脑的资料像是一幅幅电影画面，使用连锁法就像看 VCD，可以从中间、后面挑选画面，这就是连锁法神奇的地方。

②连锁记忆随时记

连锁法在日常生活中也有很多用途，比如去参加宴会时，很多人围桌而坐。谁都希望能尽快记住别人的名字，这时候连锁法就派上用场了，我们可以把名字的谐音用一些图像来做联想，这样就可以在短时间里把所有人连接起来，变成一个锁链。当然，这只是个暂时的应用而已，如果有人离开或坐到别人的位子，就

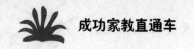

没有用了。

4个人围桌而坐，他们分别叫黄小明、陈中南、胡彦慧、宋晏如，如何记住他们呢？可以直接用他们的姓名联想："一个蛋黄里头有一颗陈皮梅"会让你想到黄先生，也会想到陈先生；胡女士就想到"糨糊"，剥开陈皮梅中间就有白色的糨糊；接着联想糨糊跟"肉松"搅拌在一起，就想到宋先生，用这样的方法记忆是不是很容易？

连锁法可以让你在短时间内快速、亲切地称呼每一个人。

还有什么情况可以用到连锁法呢？例如，今天要买什么东西，或是到一个陌生的地方，可以用连锁法记住要在哪条路、哪个地方右转或左转等。连锁法的运用非常广泛，有顺序的任何资料都可以运用连锁法，大家不妨多多练习。

五、其他有趣的记忆方法

（一）各种记忆真有趣

其实记忆就像工作一样，刚开始我们得先了解工作的项目、流程，再熟悉方法、技巧，之后不断地实践，自然能渐入佳境。运用不同的记忆系统，不但能快速记忆，还可以锻炼应变能力，真是买一送一的好差事。回想当我们别无选择，只能用反复背诵来学习时，当然不必动脑选择什么方法，可是当我们身怀各种记忆绝招时，"兵来将挡，水来土掩"、见招拆招的应变能力自然提高了不少。

小天在酒吧里工作，年轻人应酬时不是喝啤酒就是喝玫瑰红，啤酒当然只有台湾啤酒。光是啤酒的品牌就是10根手指外加10根脚趾都数不完。每次点酒时他都得想半天，有时还挺怀念只要说啤酒就OK的简单生活。富人烦恼就像文明病或是富贵病一样，不到某阶段还真没办法享受这些症状呢。

如果你已经掌握了几种记忆方法才遇到所谓的富人烦恼，那么是值得恭喜的。因为你可以看场合、捏钱包决定今天要来点平常的还是特别的啤酒，其实各种记忆法都是用来帮助记忆的工具。

（二）各就各位真好记

①记忆大风吹

学习如果没有系统就像电脑没有软件，只能感叹英雄无用武之地，或是误以为自己头脑不好，真是可惜。

记忆更是如此，每个考生在入学考试时，都是废寝忘食，生怕一觉起来脑袋会一片空白，记忆像断了线的风筝不见踪影，或像玩大风吹游戏一样张冠李戴。

接下来向大家介绍"大风吹"记忆法，各位玩过大风吹的游戏吗？这是个锻炼听力、判断力、反应能力和腿力的游戏。游戏规则如下：

规则一：准备数张椅子（比参加游戏的人数少一张）围成一圈放好。

规则二：抓阄来决定谁来充当"鬼"（站在椅子圈中的人），其余的人各选一张椅子坐下。

规则三：被选中的人观察所有的人的外貌及特征等，并牢记在心。之后大声说："大风吹！"

规则四：所有人一起响应："吹什么？"

规则五：选中者："吹现在戴眼镜的人！"

规则六：在场戴眼镜的人就得离开座位，选中者借此时机坐到其中的空位上。不符合这个描述的人有权保持不动，冷眼旁观这些眼镜族快速抢坐其他剩下来的空位（锻炼听力、判断力、反应能力和腿力）。

规则七：由于实际座位比参加游戏的人数少一个，所以最后没抢到座位的人就成了鬼，游戏重新开始。

规则八：依游戏前的规定对鬼进行处罚。

大风吹的重点在于抢座位，而且是凭借某些特征来决定。接下来的记忆方法就是由座位发展而来的，经过不断演变而自成一派。身体名单、座位名单、环境名单等都是简单易学且可以现学现用的快速记忆法。我们先来看看前面提到过的记忆鼻祖——古希腊诗人西孟尼提斯如何运用座位名单。

②座位名单对号入座

早在公元前 500 年左右，就有记录记载当时有人只凭借记忆力就能轻松地记忆资料，不论侃侃而谈还是演讲或者辩论都应付自如。古希腊诗人西孟尼提斯因为在一次地震中表现了惊人的记忆力，而夺得"最佳记忆金像奖"。

他到底是如何做到的呢？

根据联想以及图像记忆系统顺利回忆每一个人的名字和位置，是定位系统最早的文献记录。也许很多人不了解记忆系统，认为它不够悠久，要慢慢学习，会花很多时间。其实不然。

首先，我们来看看 loci 这个古英文单词，演变成现代英文就是 location（地点），望文生义，location system 就是帮助头脑建立记忆的定位，让我们比较容易回忆。

西孟尼提斯运用这种记忆方法，只需要记住谁（姓名）坐在哪里（座位），并没有必要记住容貌，所以称做座位记忆法。

我们来演示一下座位记忆法，比如说坐第一个座位上的人叫 Cicero，西孟尼提斯可能会因名字的发音联想到 scissors（剪刀），想象一把剪刀坐在第一个位置上。第二个座位上是黄小红，可以想象第二张椅子黄红相间。第三个座位上是陈西，可以想象旭日东升的早晨（晨曦）。西孟尼提斯应该就是这样根据每一个人的位置，回忆出遇难者的姓名的。

（三）身体名单说分明

让我们先将自己的身体变成一个 location 的名单，身体名单是运用我们再熟悉不过的身体部位来记忆的。

留意一下，你有没有过忘东忘西的状况。请注意，健忘并不代表我们的学习能力或记忆能力真的很差。我们更容易记忆不相关的事物，而相关的、有类别的资料原本就比较容易记。

例如，今天要去文具店买剪刀、A4 纸、糨糊和图钉，这样一些东西比较容易记，因为它们是一类。去菜市场买菠菜、西葫芦、空心菜或者是蒜头等，也很容易记住。

但问题是，我们在处理工作或学业时，还得应付日常生活中其他不相关的事情。无论是买东西还是处理事情，或是帮别人做事情，总有许多不相关的事情要处理，如果记不下来只能站在那里点头说："好，没问题，我尽量。"也许几分钟或半天后，就将事情忘了大半。

早上丈夫上班前，太太交代先生买卫生纸："卫生纸没了好几天了，你昨天忘了买，前天也忘了买，每天都说要记得，结果都忘了。今天一定要记得买卫生纸！还有明天是我的生日，别忘了订蛋糕，我喜欢的蛋糕很抢手，今天不订明天就买不到了！千万不要忘记！"

太太耳提面命，但赶着出门的先生却大多觉得不耐烦，都会敷衍地回答（很少有人会慎重其事地掏出笔记本记录吧）："好啦，好啦，不要再啰唆了，好啦。"

晚上下班，先生两手空空地回家，只见太太阴沉着脸："卫生纸呢？"

先生的反应就是："糟糕！忘记了。"

于是太太发作了："你又忘了！今天早上你还说我啰唆。"

①身体名单真好记

运用身体名单来解决以上的困扰再合适不过了，因为身体部位我们原本就很熟悉，就算闭上眼睛也知道脑袋下面是什么，再紧张也不会忘。

运用我们曾经学过联想法和图像法，运用右脑的想象力连接图像，把松散的资料连接到身体部位。

首先，把要做的事列出来。

第一，要记得去买卫生纸。

第二，要买萝卜，因为今天要请同学喝萝卜汤。

第三，炒菜的盐没有了，所以要买盐。

第四，要买一些图钉。

第五，过新年了，要买一个榴莲。

第六，今天有一个关于股市的特别报道，要买一份报纸回来。

第七，还要处理银行存款，要去转账。

第八，要买 CD，因为家里有 Party，所以需要 CD。

第九，要帮阿姨买些苹果回来，因为她喜欢吃苹果。

第十，要付 VISA 卡的费用，已经过期好几天了，否则卡会作废，没办法再申请。

第十一，要订飞机票去夏威夷，因为进入旅游旺季，票不好订。

第十二，要去书店买一本《白雪公主》，因为是畅销书很快就会卖光。

为什么要具体描述购买这些东西的原因？因为希望每一位读者了解记忆系统应用的目的，它并不是让我们记一大堆不相关的松散的资料。回想时，我们只需要一个提示，就有办法想起一个或一系列信息。这时头脑数据库的相关资料就会被带出来，就像小抄的作用一样。

OK，刚才讲了 12 件待办事项，让我们运用左脑的记忆，加上右脑的想象和图像，做个练习吧。

很简单，我们的身体部位从下而上的顺序是：脚、小腿、膝盖、大腿、屁股、胳肢窝、手、肩膀、耳朵、脸、脖子、头顶。

第一，想一想我们的脚踩在 2 张粉红色的卫生纸上，想象这只脚上没穿袜子也没穿鞋子。然后我们用色彩来加深这个印象，脚指甲有没有擦指甲油？如果是男孩子涂了指甲油，这个想象就更夸张，更容易加深记忆。想一想擦着红色或粉色的指甲油的脚踩着 2 张粉红色的卫生纸。

第二，我们想一想萝卜，我们想白萝卜好了，而且有黄黄的叶子，这个萝卜可以联想到你的小腿，小腿常常被形容成萝卜腿，所以这个联想是很简单的。

第三，我们想一想盐，一粒粒白色的盐。想一想盐擦在膝盖上，我们除了看到膝盖有一粒一粒白色的盐，还可以用感官加深头脑的印象，可以想象擦上盐的感觉是怎样的。我们要保证在用联想时，右脑想象越具体越好，用其他的感官记录，例如触觉、嗅觉、味觉、听觉等同时加强记忆。

第四，我们想象这个图钉是怎么样的，钉帽是什么颜色呢？想想图钉钉在大腿上，可能有人会想到大腿流血的夸张图像。我们还可以感受一下图钉钉在大腿上的感觉，以此加强我们感官记录。

第五，榴莲的壳又硬又尖。我们想象屁股坐到榴莲上。它的刺扎在屁股上，一定很疼。

第六，我们要买报纸，想一想胳肢窝夹着一份报纸，再想一想是什么报呢？是彩色的还是黑白的？等等。

第七，我们接下来要记得转账，想一想手里握着一大把钞票，为什么用到钞票呢？我们运用联想的方法，想到钱就想到转账。那握着的一大把钱是哪一国的钱币？是 100 块、1000 块，还是 1 万块？

第八，我们要买一些 CD 回家，想象一大沓 CD 好了，重重的 CD 扛在肩膀上，感觉肩膀上有重量。你还可以从 CD 亮的那一面看到你所穿的衣服在肩膀上是什么颜色，例如，一件红色的羊毛衫。你看到 CD 的封面，封面是谁，是不是一位出名的歌手？

第九，不要忘了买苹果给阿姨，因为她喜欢吃。想一想这个苹果是什么颜色的。绿苹果好吧？有一片叶子？想象苹果吊在耳朵上，就像女孩子戴的耳环一样。苹果的重量让这个耳朵被拉长了，你要让自己感觉到。

第十，我们要付 VISA 卡的费用，如果不付，卡会作废。想一想 VISA 卡刮在脸上，好像刮胡子的感觉。我们不只看到影像，同时还要听到刮胡子声音，还要体会刮在脸上的感觉。

第十一，我们要赶快订去夏威夷的机票，因为假期来了，如果这几天不订就订不上了。用一个简单的物品来代表夏威夷，这样更容易记得这个地方。可以想象一个花环代替，想一想我们的脖子上挂着花环。花环是白色和粉红色相间的。

第十一，要记得赶快去买一本畅销书《白雪公主》，书店可能过几天就卖光了。我们一起来想想这本书有多厚，封面是怎样的，是不是有 7 可爱的小矮人？请想一想这本书放在头顶上，发型会怎样？压一压头顶，感觉这本书的重量。

如果大家做图像联想，同时又运用感官加深印象，相信回想这 12 项资料应该非常容易。

请你试试看：

脚踩着 ＿＿＿＿＿＿，小腿像 ＿＿＿＿＿＿，膝盖抹了 ＿＿＿＿＿＿，大腿钉了 ＿＿＿＿＿，屁股坐在 ＿＿＿＿＿＿，胳肢窝夹了 ＿＿＿＿＿＿，手握着 ＿＿＿＿＿＿，肩膀扛着 ＿＿＿＿＿＿，耳朵吊有 ＿＿＿＿＿＿，脸被 ＿＿＿＿＿ 刮，脖子挂着 ＿＿＿＿＿＿，头顶放了 ＿＿＿＿＿。

相信这样的回忆效果一定不错，如果有一两个地方印象模糊，要多复习一下加深印象。利用身体名单，几天之后也可以清楚地回忆出来这些不相关的事物。

当然，身体名单的记忆是非常有弹性的，不必像背书一样，只要说出部位，就能回忆对应的记忆资料。例如，想到膝盖你们会想到什么？膝盖上抹了什么？盐，想到头顶你想到什么？想到头顶上有一本书——《白雪公主》，想到屁股就会想到榴莲，想到大腿就想到图钉，等等。

每一个部位都有个明确的联想，我们可以有弹性地回忆这些资料，随时提取。

②身体名单解疑惑

身体名单除了能记一大堆的杂事，也可以用来记重要的资料。例如河流山川等地理资料，或者要记今天演讲的大纲，等等。

但是很多人还是会担心身体名单运用起来会把资料混在一起。简单地从以下三点来说明。

第一，如果我们没有任何记忆方法，只用死背的方法，资料混在一起的可能性更大。

第二，身体名单的作用是为了进行短暂回忆。假如我们今天要处理的事项做完了，就可以将记忆清除，这些"今日事今日毕"的资料没有必要一直留在记忆库里。

第三，我们的头脑很厉害，有办法分辨身体名单的顺序，可以清楚地回忆出来。但如果你真的担心身体名单使用太频繁，同一天运用好几次会搞混，当然还有其他方案可以选择。

（四）其他名单说分明

除了身体名单，我们知道还有几个和它类似的记忆系统可供选择。例如，汽车或者建筑物的构造等，可以和身体名单交替操作，不需要同一天在头上顶三四种资料。让我们一起练习接下来的定位系统。

①奔驰名单实际做

今天，你得为老板处理一些事情；要买一条石斑鱼给老板，他家今天要加菜；拿底片冲照片，因为新闻记者要把采访老板的照片登在报纸上；帮他修理录像机，录像机已经坏了一个月了；下午还要替老板到学校接孩子，今天老板很忙；同时今天电视会播放校长的节目，要记得叫他看一看。

让我们尝试用身体名单的联想方法，将这样一系列的资料联想到奔驰轿车上。请大家跟我做：

首先，记得买一条石斑鱼，所以你可以想象，把鱼放在黑色奔驰车车头的标志上。

再想象奔驰发热的引擎盖上黏着底片，可以想到要赶快冲洗底片。

我们再想象挡风玻璃的雨刷夹着照片，是给记者登报用的。

半开的天窗斜插着索尼录像机，代表要修理。

我们再想一想驾驶座上坐着一个小朋友，小朋友顽皮地转着方向盘，就会想到要去学校接老板的孩子。想象小朋友旁边坐着校长，代表记得提醒校长打开电视看他的采访。

请你试试看：

由天窗想到 _____，由雨刷想到 _____，由驾驶座想到 _____，由奔驰

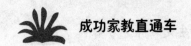

的标志想到 _____，由引擎盖想到 _____，由副驾驶座想到 _____。

奔驰骄车名单可以联想记忆更多的事物吗？当然可以！我们还可以联想到奔驰的前轮、后轮、4个车门、后车厢，等等。定位记忆系统之所以好用，是因为我们对这些定位很熟悉。我们可以运用身体名单和奔驰骄车名单，把两组资料轻松地记住而不弄混。接下来我们研究与奔驰骄车名单相似的定位名单。

②建筑物名单

除了身体名单、奔驰骄车名单的定位联想，我们也可以运用公寓、大楼、学校、百货公司等建筑物的构造做定位。

每个人的公寓构造并不见得和身体部位、奔驰骄车的结构一样固定不变。也许我们进公寓大门的时候，会首先看到放鞋子的鞋柜，然后看到一个大沙发，接着看到咖啡桌，之后看到一个台灯，继续往前会看到音响，看到大厅旁边的餐桌，还看到餐桌旁的椅子，等等。

又比如说你来到一座大楼的门前，会看到门口的警卫，随后看到一排邮箱，之后再看到电梯，上了电梯是消防设备，又看到你家的大门，这是从大楼大厅到你家的那层楼。我们继续看下去，你家楼上是俱乐部，俱乐部上一层是健身房，再上一层可以看到KTV，楼上是咖啡厅，再上一层楼我们就会发现物业办公室，最上面一层楼，可能看到一个空中花园。

当然每一层楼的设备和格局并不相同，所以要挑选一个我们最熟悉的楼层，这样才可以联想。

大楼建筑物的联想功能其实比身体部位、汽车结构、房间构造有更多的优势，因为大楼建筑名单可以层层相叠、无限延伸。我们可以联想一系列的事物，之后把每一个联想再延伸出来。举例来说，现在需要记住下面这些东西：

第一，要去买一些DVD碟片和漫画，其中包括《超人》《卧虎藏龙》《白雪公主》，还有《米老鼠》。

第二，今天要记得打电话邀请朋友参加圣诞聚会，记得要请学校的李学长，另外还要请公司的陈老板，然后要记得请妹妹的男朋友，他姓黄。

第三，要记得今天去超市买几样菜，有萝卜、空心菜和菠菜。

现在我们用大楼名单来做定位联想。

首先，我们进入大厅看到了警卫，可以想象警卫是超人，超人警卫有礼貌地替我们打开大门。我们再想象《卧虎藏龙》那几个主角在比剑，想象杨紫琼、章子怡在大厅上空飞来飞去，看得到吗？我们还要记得买《白雪公主》和《米老鼠》的漫画，可以把白雪公主变成清洁女工，跑得脸红气喘，就是抓不到米老鼠。

其次，要记得打电话给朋友，邀请他参加圣诞聚会。当我们离开大厅走进电梯，第一眼就看到学长正冲着自己微笑，陈老板客气地帮大家按电梯开关，而妹妹的男朋友来不及冲进电梯，就被电梯门夹住。 这样通过电梯记住了更多的信息。

最后要记得买菜。我们出了电梯，先看到消防设备，然后看到自己家的大门，再看到门外的踏脚垫。我们不妨把萝卜当成灭火器，再把空心菜捆成一束吊在门把上，最后想象菠菜一片一片放在踏脚垫上面。

请你试试看：

先从大厅开始，我们是不是想到超人替我们开门（《超人》），走进大厅看见杨紫琼和章子怡在比剑（《卧虎藏龙》），还有白雪公主一般的清洁女工（《白雪公主》）在抓米老鼠（《米老鼠》）。然后进电梯，想到学长朝大家微笑，陈老板在按电梯，妹妹的男朋友被电梯门夹住。然后来到公寓的门口，想到萝卜灭火器，空心菜挂在门把上，踏脚垫上有一片片的菠菜。

由于我们利用名单记忆法把大楼的每一层进行了分类，因此就能把一系列事件轻松地记住。你可以举一反三，不断练习，应用起来一定会得心应手。

第六章

影响"学习"的因素

一、养成良好的习惯

二、作息生物钟

三、调控学习情绪

四、树立自信心

五、保持积极的心态

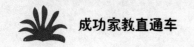
一、养成良好的习惯

人就是一种习惯性的动物。无论我们是否愿意，习惯总是无孔不入，渗透在我们生活的方方面面。那么我们究竟该怎样才能养成良好的习惯呢？

（一）一定要吃早餐，每天餐后运动 30 分钟

吃了早餐，大脑的活动就会变得活跃起来。人从睡眠状态中苏醒过来的时候，有很长一段时间处于迷迷糊糊的混沌状态，但要是在吃早餐的过程中活动咀嚼肌，就可以摆脱这种混沌状态。也就是说，通过吃早餐，我们可以把早晨时间变得更富有效率。

吃早餐还有另外一个好处。早餐是唯一在家里吃的一顿饭。读书的时候，我们一大早就走出家门，然后在很晚的时候，甚至是在凌晨才能回到家里，所以都很难与家人见面。

要想跟家人多见上一面，除了充分利用吃早餐的时间之外别无他法。营养方面也不容忽视。

无论如何，在家里吃的饭菜，其原材料的品质和新鲜度，都远远好于在外面吃的食物。

午餐或晚餐以后，应保证 30 分钟左右的运动时间。快走、慢跑、散步等不剧烈、但也能发汗的运动最为合适。在消除心理压力方面，没有什么方式比运动更有效。运动将有助于我们消除心理方面和身体方面的压力。有资料表明，20 分钟的运动效果相当于 2 小时的睡眠效果。

投入 10 分钟时间，随时进行引体向上、俯卧撑、徒手体操等运动；在犯困

的时候做这些运动，可有效地驱逐睡意，并缓解身体的困乏，提高我们的精神集中能力。此外，这也有助于增强我们的体质，可谓是一举多得。

（二）制订时间计划，有规律地生活

之所以订定时间计划，是为了按照计划向前推进。一旦制订了计划，我们就会为了实现这个计划，对自己进行约束。也就是说，人为地制造一种紧张感，以保证自己快马加鞭。

要是没有计划，我们就有可能在身心放松的状态下虚度时光。

但要是制订了计划，我们就会自觉地认识到"现在到了该做什么的时间了……"因此，时间计划可谓是一种自我鞭策，以确保我们保持一定程度的紧张。

制订了每日计划，就可以充实地度过每一天；而制订了周计划，则可以充实地度过一周时间……

有规律的生活，可以避免压力的积累，并最大限度地保证我们获得休息，也可让我们有效利用时间。当然，这也将使我们免于陷入情绪低落状态。

还有另一个好处，那就是能形成属于自己的节奏，同时也能意识到属于自己的节奏。比如，你会发现下午的精神集中状态更好，或者上自习上到什么时候容易犯困，等等。

一旦了解了自己的生理节奏，就能更有效地利用时间。比如犯困的时候就打个盹儿，精神高度集中的时间段解答数学题或物理题等。也就是说，有规律的生活会让我们积累充分利用时间的方法。

（三）三点一线，生活轨迹变得简单

对自己进行时间管理，并有规律地生活，我们的生活轨迹就会变得简单起来。我们会发现除了学校、辅导班、家和阅览室之外，也就没什么地方好去了。要想最大限度地缩减精神溜号的时间，就应维持简单的生活轨迹。

有位同学决定在家里学习之后，首先把房间里的电脑给撤掉了。电脑一旦撤掉，当然就无法再玩游戏了，漫画也看不成了，新闻之类的内容也都看不成了。

这样一来，立刻就有了一个新的遗憾，再也不能定期下载考试题了。所以，在需要电脑的时候，他就前往附近的朋友家里。把往返朋友家里的时间控制在20～30分钟之内。这位同学的做法值得借鉴。无论多么相信自己的意志有多坚定，但建议最好还是把电脑撤掉，它实在太容易诱惑我们了。

还有一位同学觉得每天在网吧花掉1个小时的时间实在太可惜，于是便开始琢磨怎样才能控制自己不去网吧。他仔细反省了一番，看看自己是在什么时间、怎么去的网吧。最后发现，自己都是在阅览室读了一会儿书之后，在出去买零食的时候顺路拐进网吧的。从此以后，他便从家里自带零食，以切断通向网吧的轨迹。

（四）杜绝在线游戏、网聊、网上购物、博客等

人类可以说是一种习惯性的动物。一旦习惯了，就很难戒掉。如果有什么不良的习惯在影响学习，就应该快刀斩乱麻般与它决裂。其实，除了果断地决裂之外，并没有什么特殊的方法。如果适当地享受在线游戏和网聊，就绝不可能学好。干脆把电脑撤掉也是明智的选择之一。只要撤掉了电脑，便无法进行在线游戏、网上购物、网聊、跟帖子、博客之类耗时的活动了。

如果认为除了学习之外什么都可以不干，这可以说是得不偿失。为了获得各种各样的经验，我们应付出最大努力。应踊跃参加电影爱好者协会、游泳班、民俗班等各类课外活动。在参与此类活动的过程中，我们的人际关系会变得更加完善，也可释放在学习过程中的压力。

我们应该保持充分睡眠并辅以灵活的打盹儿时间。一个健康的成年人每天应保证8个小时的睡眠时间。我们不是什么老年人，我们正值青春年华，当然每天都睡不够。无论如何提高睡眠质量，我们还是经常睡不足6小时，所以应趁着午餐或晚餐后的休息时间，打上10多分钟的盹儿。打盹儿时间绝不应超过30分钟，因为睡得过多，就可能扰乱我们的睡眠规律。

（五）探寻属于自己的学习模式

关注他人的学习方法，并把他人有效的学习方法适用到自己的身上，在这个过程中持续努力，并归纳出适合自己的学习方法。在这一过程中，我们难免会犯这样那样的过错，但最终会找到可充分发挥我们的长处，并有效克服自己缺点的方法。当然，也会时时更新这一方法。

随身携带单词手册、误答笔记、背诵笔记等资料。

要始终随身携带需要学习的资料。将复习生活化，这是学习好的学生共同的座右铭，所以当天需要复习的资料，无论如何要想方设法随身携带。

需要在公交车上看的单词手册、需要在休息的空当翻看的笔记本、需要在自习时间看的概论书、需要在睡觉前翻看的所有资料等，要始终放在自己身旁。

看报纸，但不看电视或网络新闻。

看报纸可能是为了某个专栏，或者是为了掌握什么信息。但是，最好不要收看电视。一旦打开电视机，就很容易被拖进去。尽可能不去浏览门户网站，并拒绝访问一般的网站。

"今天都发生了什么事情呢？"带着这种想法，造访网上新闻页面，也很容易陷入网络的泥沼无法自拔。

收集信息最好通过报纸或时事周刊进行，而不要利用网站。因为通过这类媒体，也可以获得有质量的信息，而且还可以随时合上，因此没那么大的瘾头。

二、作息生物钟

生物钟又称生理钟。它是人体内的一种无形的"时钟"，实际上是人体生命活动的内在节律性,它是由人体内的时间结构顺序所决定的。研究证明,合理的利用生物钟,掌握最佳学习时间,能有效提高学习效率。

(一)基本上每天应该保持 6 小时的熟睡

"不睡觉不行"。这是一个千真万确的命题。虽说有可能做到每天少睡一点,但每天最少应保证 6 小时的睡眠时间。每天的睡眠时间相对固定,也就容易避免情绪波动了。

熬夜或睡眠不足,第二天的身体状况就会恶化。如果熬了一整夜,第二天大脑的运转就会受阻。我们可能因此遭受各种副作用的折磨,如记忆力减退或恶心等。早睡早起,比睡得过晚的习惯要更适合读书学习。

睡眠时间不足还有另外一个坏处,那就是容易让我们进入假寐状态。假寐时我们既不是醒着,也不是睡着,所以说这段时间白白浪费掉了。

进入熟睡状态,以此来减少假寐时间,这样就能有效利用时间。如果困乏难当,最好用午餐、晚餐或课间休息时间短暂打个盹儿。

(二)挺过犯困的那一刻

犯困的时候只要能挺得过去,就不会再次犯困。如果感觉实在挺不下去,那么就放下一切好好睡上一觉。

上课时犯困的话,就一定要挺住,等到课间休息的时候再稍微打个盹儿。不能因为上课时间犯困,就趴在书桌上睡上一觉,因此还是有必要挺过犯困的那一刻。

躺下就睡,起来就醒:最舒适的姿势就是躺卧。不过,躺在床上看书,就很容易犯困。一旦犯困,就应该立刻起身坐到书桌前看书。坐起来看上一会儿,也就清醒过来了。夜间晚自习的时候,如果困意袭来,可以起来到走廊上站着学习,这样收效甚好。走廊比教室里面冷,光线也比教室暗,所以不仅能有效地驱散睡意,也有助于集中精神。

利用手机叫早功能打盹儿:熬夜看书过程中,每隔 2 小时,睡意就会爆发性地来袭。睡意袭来的时候，就应睡上一会儿，哪怕打个盹儿。这时，用手机设定 10 分钟后叫早。然后把前额搭在书桌上睡上一会儿，等叫早铃声响起再起来学习。如果还犯困，那么再设定 10 分钟后叫早……一个晚上如能这样睡上 40 分钟，第二天基本上就能保持良好的状态。如果此时躺下来睡觉，就很难再醒来学习了，因为这个姿势实在太舒服了。

（三）睡意袭来的时候充分休息之后再战

睡意来袭时间人人不同，但通常情况下，睡意大都是在午餐后的 3 点钟和晚餐后的 7 点钟左右大举来袭。此时，最好是睡上 15 ～ 20 分钟，然后再继续学习。即使是站着看书，但只要困意袭来，也应好好睡上一觉，这样才能提高学习效率。

三、调控学习情绪

在备战修学能力测试过程中，据说人人都会陷入状态不佳的境地。

状态不佳时，一个人无法正常发挥自己的潜力。但这和"人总有一死"的概念有所不同。

也有人能避免陷入状态不佳的境地。只要付出相应的努力，就能做到这一点。

（一）自信的人绝不会陷入状态不佳的境地

在拥有解决问题的能力时，绝不可能承受心理压力。状态不佳也是同样的道理。在有自信的时候，绝不可能陷入状态不佳的境地，因为我们信任自我的能力。即使眼下还仅仅实现了一般的目标，但仍然坚信自己最终将全部实现；如果眼下为了实现这一目标而努力，那么即使遭到一定的挫折，却绝不可能陷入状态不佳的境地。在状态不佳的时候，关键要看能否找回自信心。状态不佳未必百分之百是因为缺乏自信引起的，但陷入状态不佳的人，通常都是丧失了自信心的人。

因此，摆脱这种状态，也不应泛泛地鼓励自己"该摆脱"这种状态，而应从恢复自信心开始做起。当然，最好是从简单的事情开始做起。比如，先制定目标，然后开始恢复有规律的生活、改变想改变的习惯、开始投入学习等。

（二）状态不佳这个词汇本身让人状态不佳

状态不佳这个词汇本身会给人的思维带来负面影响。在备战修学能力测试过程中，一旦想到自己早晚也将陷入状态不佳的境地，就会进入状态不佳的时期。也就是说，状态不佳这个词汇本身让人状态不佳。

一想起"我太累了"那就觉得更累了。如果认为"我将在夏天出现状态不佳的现象"，那么我们的身体当然就会准备在夏天进入不佳状态。所以，如果在夏天学习效率低下，就更是怀疑自己"可能是进入不佳状态"了。

夏天将进入不佳状态，这句话其实是天方夜谭。以前，学校的设施非常简陋，辅导班的教学设施同样也很简陋。留在那酷热的空间继续学习，身体当然吃不消了。也就是在那时，状态不佳这个词汇才会出现。可是现在，教室里都安装了空调，我们可以在凉爽的环境下读书学习。也就是说，只是以前的"状态不佳传说"在作怪而已。所以我们有必要反省一下，看看自己是否听信了这个传说。

（三）是不是在不想学习的时候借口状态不佳

没有人是因为疯狂地喜欢学习才去学的。如此说来，人们从心理上拒绝学习之余，在学习不好的时候，甚至还有可能去找借口。学习在一定程度上存在周期性，正如一个人的心情会发生变化一样，学习也不可能始终保持一种状态。学习效率不同的差异是存在的，但在学习效率低的时候，为了将其合理化，我们很可能把原因归结到状态不佳上。

（四）不推迟今天该做的事情，就无所谓状态不佳

制订了计划，并尽最大努力实现计划内容，就不会出现状态不佳的情况。在一天一天稳步推进的过程中，我们会发现所做的事情似乎获得了助力，变得轻而易举，当然也就会对自己所做的事情产生自信。充实地度过每一天，是预防状态不佳的有效措施。

与此相反，如果一再推迟完成该做的事情，某一天我们忽然会发现它已经滚成了一个大雪球。一旦被这个雪球压住，状态当然会不佳。我们应时刻提醒自己，要做一个永不放弃、积极进取的人。不推迟今天该做的事情，就无所谓状态不佳，即使出现了，也一定能把它克服掉。

（五）成绩提高了，抑郁症和状态不佳现象就会随之消失

这个说法似乎有学习至上主义之嫌，不过，成绩提高了，抑郁症和状态不佳确实会随之消失。学生承受的最大压力来自学习成绩，而解决了这个压力源，因压力积累而导致的抑郁症或状态不佳现象也就会消失。如果成绩正在呈上升趋势，那么也就意味着希望的曙光开始照亮你的前程了。

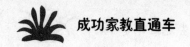

四、树立自信心

只要努力和方法得当，每个学生都能成为优等生，不要轻易把自己归为"差生"的行列，恢复自己的信心是提高成绩的前提。

（一）主动寻找成绩不好的原因

在学习的道路上是不可能永远风和日丽的，总会遇到困难和挫折。通常情况下，如果在学习中遭受到了失败，中学生都会不由自主地去寻找导致失败的原因。这些原因主要有：

①内部原因与外部原因。他们可能把自己失败的原因归为自身以外的某些因素。例如，老师教得不好，学习环境太差，运气不好等；也可能归为自己的内部原因，如自己基础知识没掌握等。

②自己可以控制的原因与自己控制不了的原因。他们可能把自己的失败归结为自己可以控制的原因。例如，自己的努力程度是可以控制的；也可能归为不可控制的原因，如自己智力低，是控制不了的。

一般而言，把自己学习的成功或失败归于外部原因，容易形成消极、依赖、侥幸心理。把成败归结为自己不可控制的原因时，容易形成听天由命、不负责任的心理，有时甚至形成绝望感。因此，最好把自己的成功或失败归结为自己可以控制的、内部的原因。例如，用功程度、兴趣高低、基础知识是否有缺陷、知识是否掌握牢固等。

有时，一些学生在考试考砸以后，会说："我上课根本没有听讲。"或者说："我考试之前一点也没有复习。"最后再加上一句："你那么用功，才比我多这么一点分数!"从表面上看,这些学生显得有点"虚荣",其实,这种态度反而说明他们没有完全丧失自信心和自尊。如果他们把失败看成是自己"太笨"、"不是读书的料"、"永远学不好"等,这说明他们对自己的学习没有挫败感,也没有认识到自己在学习中的问题。

所以,那些还戴着所谓"差生"帽子的学生,如果不能从自身找原因,不能从自己可以控制的原因开始改变,他们就会成为一个永远的失败者。

(二)用暗示法树立信心

以全市第三名的成绩考入北京大学,后又获得保送本校经济学硕士的曾琪琪同学曾说:

很多成绩不理想的同学喜欢抱怨自己在学习上的"先天不足",认为自己"不行"。这种不自信的态度是学习中最大的禁忌。它会使你难以经受住学习中的挫折。哪怕是一个小小的难题,再加上不自信,就可能使你从此放弃这门课。所以,一定要相信自己。这并不是意味着要自诩为天才,而是意味着相信以自己的能力对付区区几门功课是足够的。偶尔遇到困难,也要告诉自己:这只是因为自己的聪明才智还没有得到充分的发挥,而只要动动脑筋、多做练习,困难就一定能被克服。

也就是说,在学习中,你也不要有什么"优等生"和"差生"的分别,那些所谓的"差生",只不过是在学习中暂时遇到了一些困难,只要自己不放弃,就一定能取得成功。其实,任何人都不可能在学习中永远都顺利,如果缺乏乐观自信的心态和从失败中振作起来的勇气,就不可能有所作为。

中学生正处于人生的黄金时期,人生的道路刚刚开始。原本失去了学习自信心或自信心不强的同学,应当从现在开始,找回原本属于自己的学习自信心。这样才能取得好的成绩。

自信心不足的中学生可用暗示法来增强自信:

①利用语言进行自我暗示

要经常对自己说"我能行"、"我能胜任"、"我很聪明"等自我鼓励的话,而少说或不要说"我不行"、"很难完成"、"学不会"等一类的泄气话。同样的事实，要用肯定的语气，如遇到一道难题，要对自己说，"这道题是很难，但是我能做出来"，而不要说"这道题这么难，我能做出来吗？"通常两者所带来的效果是完全不同的。

②用动作进行自我暗示

心理学家认为，人的动作和姿势受心理的影响和支配，反过来说，心理也受到动作和姿势的一定影响。所以，可以借助动作来改变自己的心理状态。例如，在背课文和单词的时候，不妨大声读出来，并尽可能地多呼气，就会收到意想不到的效果。也就是说，提高说话的声调，用洪亮的声音同样能提高自信心；要迎着别人的目光看人，表示自己的坦诚和信心，也容易赢得对方的信任；当你为某次考试或某道难题而心情忧郁时，可以多参加体育锻炼，而且在走路的时候，要挺胸抬头，加快走路的速度，这样也可以使你恢复自信心。

③主动与人打招呼，主动说话

这也是一种自我暗示。这样做不仅表示礼貌，而且也是自信的表现。越是主动与人说话，自信心越强，人际关系越融洽；班级讨论时要主动发言，不做哑巴，不要顾忌太多，力争引起人的注意，争取讲话的机会。发言的机会越多，就越发感到自信。

（三）在学习中树立自信心的 6 个步骤

①告诉自己，一定要实现目标。

②要有最好的准备。

③列出一张你在学习中取得成功的清单。

④从过去的错误和失败中吸取教训。

⑤放弃逃避的想法，消除对困难的恐惧心理。

⑥确实遵守自己所订下的学习计划。

五、保持积极的心态

破罐子破摔是一种非常不负责任的心态，在学习中，要善于调节自己的心理，敢于积极地面对问题，从颓废情绪中走出来。

（一）避免不良情绪的干扰

中学生在学习中往往受到不良情绪的影响。比如，在学习上遭受挫折以后，就会产生讨厌学习的情绪，这对以后的学习非常不利。下面介绍几种克服不良情绪的方法，仅供大家参考。

①充分认识学习的重要性

当我们的大脑里产生不良情绪时，就会对学习感到厌倦。这时候，就会失去学习兴趣，甚至做出抵制学习的一些举动。

因此，当不良情绪袭来时，我们一定要充分认识学习的重要性，这样才可以回避不良情绪而更加努力地学习。

②找到原因，对症下药

造成不良情绪的原因有很多，比如对学习重要性的认识不够、对自己的学习能力缺乏信心、学习方法不当等。因此，我们一定要找准产生不良情绪的原因，根据自己的实际情况，对症下药，这样才能从根本上解决问题，消除不良的学习情绪。

③用曾经的成绩来鼓励自己

当我们产生不良情绪、学习成绩明显下降的时候，有些缺乏学习经验的同学，就会对学习产生厌倦心理，甚至干脆"破罐子破摔"，导致学习成绩每况愈下。

其实，摆脱不良情绪的一个好方法就是用曾经的成绩来鼓励自己。一个成功摆脱不良学习情绪的同学曾说："当我有不良学习情绪时，我便冷静地思考，寻找原因，并用以前的成绩来鼓励自己。我想，我肯定是因为最近的学习方法不当，或者因为自己不够努力才这样的，我相信自己有很强的能力，以前的成绩不是很好的见证吗？这样，学习兴趣就又像以前那样浓厚了，因为我知道造成这种原因不是因为自己的能力问题。"

这位同学的方法确实值得借鉴，用以前的成绩来鼓励低落的学习情绪，确实能够从根本上将不良学习情绪转化为学习动力。

④拥有克服不良学习情绪的信心

当不良学习情绪向我们袭来时，我们一定要相信自己能够克服它。有了这种信心，为了证明自己有这种能力，就会产生克服不良情绪的动力。

有这样一位同学，当他厌倦学习的时候，就会对自己说："我就不相信自己能够被不良学习情绪吓倒，我一定要努力，证明自己有足够强的学习能力。"于是，他非常刻苦努力，慢慢地，不良的学习情绪也就烟消云散了。

所以，有战胜不良学习情绪的信心对中学生来说非常重要，它是我们克服不良情绪的动力。

（二）勇于向学习中的挫折挑战

每个人在学习的征途中或许领略成功的喜悦，或许遭遇失败的痛苦，不可能总是一帆风顺。俗话说："胜败乃兵家常事。"但是，在很多中学生中，有的人因为学习上遇到一点小小的挫折而变得越来越脆弱，甚至自暴自弃。例如，有的学生学习成绩暂时在班上处于落后地位，就觉得自己很笨，失去学习的动力；有的学生考试考得不好，或参加什么比赛没有获奖，就几天不高兴；有的学生因没能当上班干部或没能评上"三好学生"，就把自己当成失败者。

有一句格言说："平静的湖面，练不出精悍的水兵；安逸的环境，造不出时代的伟人！"这是成才的真谛。优秀的青少年，应当从小就培养和锻炼自己面对挫折的能力，主动地、勇敢地向学习中的挫折挑战，经受挫折的磨炼，在挫折中成长。

学习上的挫折虽然给我们带来了苦恼，但对我们来说并不是坏事，因为挫折也是一种锻炼。那么，当我们在学习中遇到挫折后该怎么去面对呢？我们可以这样去尝试：

首先，调整一下自己的学习目标，想一想是不是原来定的学习目标太高，自身又无力达到。如果是这样的话，可以把学习目标降低一些，或者重定一个小而具体的目标，在自己力所能及的范围内，这样就可以避免遇到挫折，也能体验到成功的快乐。其次，我们还可以学会转移和倾诉。当我们在学习中受到挫折后，应参加一些自己感兴趣的活动，要设法使自己从消极的情绪中走出来，同时要善于把心中的不快向同学、老师、家长、朋友倾诉，从而减轻或消除挫折感。如果能从挫折中崛起，也就预示着成功。

科学家牛顿说过："如果你问一下善于溜冰的人如何学得成功时，他会告诉你：'跌倒了，爬起来，便会成功。'"相信只要我们在今后的学习生活中能客观地认识自己，微笑着直面学习中的挫折，勇于接受挫折的挑战，那么成功一定会属于我们！

（三）受到挫折后如何避免消极情绪

①优势比较法。去想那些比自己受挫更大、困难更多、处境更差的人，再寻找分析自己没有受挫感的方面，即找出自己的优势，强化优势感。

②倾诉法。适度倾诉，可以将负面情绪随着语言的倾诉逐步转化出去。

③痛定思痛。当自己从挫折中重新站起来之后，应认真审视自己受挫的过程，多从自身找原因，接受受挫的事实，解决学习、生活中自身存在的问题。

④明确目标。如果学习、生活上的挫折干扰了自己原有的计划，破坏了自己原有的目标，那么，重新寻找一个新的方向，确立一个新的目标，就显得非常重要。

第七章
优化 "解题" 的方法

一、认真仔细做题

二、掌握解题方法

三、重视解题过程

四、总结经验教训

一、认真仔细做题

做题时一定要认真，不能只求数量不求质量。同时还要仔细，对运算和做题的过程都应重视。要追求成功率而不是做题的数量。

（一）不只数量，更要质量

对于深陷"题海战术"而不能自拔的同学来说，要记住一句话："题贵精而不在多"，没有质量做再多的题也没用。有位优等生在学习中，采取了精选、精做的原则，辅以"题后思"的方法，收到了良好的效果。

精选，是指在众多的习题册中选出最适合自己实际情况的一两本，细心做完。

精做，是指细心做完所选的练习册后，用心体会练习册内的知识体系，了解出题作者的侧重点以作参考，因为每一本书都是一套完整的知识体系，细心体会可以弥补你不曾认识到的地方，可以起到不断完善的作用。

所谓"题后思"，就是在每次做完一道题后，花一定的时间用于回顾刚才做题时的思考方式，以及思维为何在某处出现障碍，之后是如何解决的。刚开始做题后思的时候，可能会很慢，但随着不断的重复使得速度不断加快，最后大约每次只需花费 10 到 20 秒而已。而题后思考的习惯是能够提高知识熟练程度，加深思维深度，增强自己思维严密性的一种行之有效的方法。

具体来说，在做题时要注意下面几个问题：

①想一想，该题考查什么知识点。

②回忆一下，以前是否碰到过类似的题。

③此类题通常采用哪种可行方法，基本思路如何，思考如何寻找其突破点。

④反思推导过程是否合理，逻辑是否严密，所考虑的情况是否全面等。

⑤检查得到的结论是否合乎逻辑，与预期的结果相差大不大。

⑥最后总结此题是否有价值，有什么价值。将对自己日后有帮助的部分记牢，以便提高自己的解题能力和反应速度。

（二）要以准确率为做题的衡量标准

我们在平时做题的时候，要注意追求准确率，努力做到一次成功，而不要总是等着重新检查的时候再去发现自己的错误。

"第一次就做对"这种好的做题习惯，在考试的时候尤其能够发挥巨大作用。多检查，其实是一个很大的误区，使大家在做题的时候抱有侥幸的心理，一味图快，以为自己还有检查的机会，结果却越查错越多。

但是，很多同学喜欢急功近利，做题时恨不得一口气把全部骨头都啃完，然后再从头来检查。这实在是个坏习惯。逢快必粗的道理大家都懂。检查补救是不得已的办法，检查出的错误越多，其实越糟糕，只能说明你第一遍做的太粗了，看到的是这些查出来的，那些没发现的呢？因为人有个缺点，往往没记性，第一次犯的错误，往往检查的时候又会犯。因为完全是一个人，完全是一个思路，难免还会走回原处。正确的策略应该追求一次成功，做得慢些、稳些，做完了就能保证会做的全对了。这才是本领。事实证明，每次考完一门，觉得挺累的，刚刚做完，虽然来不及检查，但是分数往往很高。因为陷阱都发现了，找陷阱是很累很费时的。

（三）养成良好的做题习惯

刚刚升入中学的学生，处在自我意识不发达、自我能动性不够强的时期，随着学习内容的增多，部分做题习惯不好的学生将会出现不适应的现象。

表现一："浮躁"——做作业时，思想不集中，身体转得像陀螺，旁边同学有什么小动作或小声音，他就会去关注；

表现二："懒散"——做作业不抓紧时间，一会儿找橡皮，一会儿削铅笔，一会儿喝水，一会儿上厕所，半天写不了几个字；

表现三："基本功差"——写字姿势不端正，字迹马虎、潦草，错别字多，越急写得越快，越快写得越差；

表现四：做题粗心马虎，不细心审题，错、忘、漏的地方多；

表现五：做题没有独立性，不爱动脑子，不愿多思考，遇到难题不思考就去问别人，有的干脆去抄袭别人的答案；

表现六：缺乏做题的信心，碰上难题就打退堂鼓，不能知难而进，久而久之问题堆积如山……做题的质量更是不容乐观。

因此，要想取得好成绩，养成良好做题的习惯尤为重要。

二、掌握解题方法

做题时最怕的就是思路受困，这就需要你灵活地运用所学过的知识，掌握正确的解题思路和方法。

（一）想方设法寻求正确的解题思路

在做题时，有没有一个正确的解题思路是很关键的。思路对了，那么这道题也就不难解答了。所以，中学生在做题时要积极主动地去寻求解题思路，从而培养独立的解题能力。

山西省高考理科状元陈敏同学说："在学习过程中，我曾有这样的经历，有时见到一道题目一时找不到思路，就迫不急待去翻看答案，看答案时往往觉得答案的每一步都顺理成章，该用哪个定理，该用什么方法，非常简单，就自认为把题目已经理解透了。过几天再做这道题，还是无从下手。我觉得出现这种情况主要是因为我对这道题的接受是一个被动的过程。在这个过程中我只是机械地看到了具体解题过程，而没有真正理解解题思路。"

在做题时，主动寻求解题思路与陈敏同学曾经经历的这种被动接受的学习方法正好相反，这种方法强调从简单习题入手，因为做简单的习题会比较轻松一些，简单的做出来之后再由浅入深。当在练习过程中遇到难一点儿的题目时，有意识地强迫自己不看答案、不看书套公式、不求助于别人（这些都是被动方法），而是静下心来，积极调动自己的大脑知识库，主动寻求解题思路。这样由浅入深地训练自己，加上对常见题型的归类分析，再见到数学、物理习题时就会在第一时间反应出该题所考查的知识点和思维方式，就会有得心应手的感觉。

比如数学学习中比较典型的双曲线类题目，很多同学都认为比较难，经常感觉无从下手。实际上双曲线类题目有很多比较典型的解题方法，如果见到题目能够主动思考，往往会有举一反三的效果。

确实如此。主动求解一道题比被动接受十道题要有效得多。老师经常鼓励优等生多给别人讲题，这实际上是更高层次的主动学习。具体地说就是不把做出正确答案作为终点，因为要给别人讲解这道题就必须准确理解该题的解题思路、思维方法、分析过程，还要能列举出类似题型，引发更进一步的思考。这样，解题就成为一种乐趣，每落实一道习题都会有一种充实感。

（二）动手把具体思路写出来

如果当你主动寻求解题思路陷入困境时，不妨把自己的思路一步一步写出来，从而启发自己找到解题的钥匙。也就是说，看到数学题后，不要急于解题，而应先把自己的想法写出来。结果大大出乎许多人的预料，这么一写，原来不清的思路也出来了，原来不顺的步骤也通畅了。

道理其实很简单，因为写作的过程也就是联想的过程。有过写作经验的人都知道，只要一动笔，原先许多没有想到的词语、思路等，都纷纷涌现出来。文科写作是如此，理科学习也是一样。只要一下笔，思路好像原先就在脑子里一样，跟着笔尖就冒了出来。

写作的过程也就是说理的过程。请大家回忆一下，任何一位优秀的数学教师，在讲题时是不是除了数学符号和数学概念，别的什么也不说？当然不是。优秀的数学教师都明白，为了把理说透，应该从各个角度、各个方面，掰开了揉碎了地说。举例、推理、联系，往往为了一道题，老师要说上几百上千句话。把他们的这些话都记录下来，不也就成了"写作解题法"吗？

如果想采用此法学习，我们有如下几点建议：

①此法不可常用（事实上也无时间常用）。只有当遇到一道特别有意思、对同学们的思维有所启发的题目或是自己久攻不下后来终于做出的题目时，采用此法，才会收到实效。否则为写而写，只会浪费时间。

②写完后，可以装订成册，自己翻阅，也可以互相交流，相互学习。对学生来说，读读这样的小文章，也许比读某些深奥的大论文更有帮助。

（三）要避免陷入死钻牛角尖的怪圈

做练习题时有一个问题值得同学们注意：不要在做练习题时"钻牛角尖"，不要在偏题、怪题上花太多的时间。有的同学抱着一种侥幸的心理：我练习一下怪题或偏题，要是高考时出一道这样的题型，别人都不会而我却能做出来，那我不就占便宜了吗？

在这种侥幸心理的驱动下，有的同学舍本逐末，丢掉了课本中的基础知识而将大量的时间浪费在超纲的题目或是解题技巧十分复杂的题目上，这会造成不好的影响：自己的思路总是求新求异，长此以往，就会陷入"钻牛角尖"的歧途。事实上，只有通过做一定数目的基础题，熟悉了定义、定理、公式，掌握了解题的基本方法和技巧，才能做好难题。理解一个概念、练习一道题目，不从一个正常的角度入手，而是以比较奇怪的角度入手，在实际的考试中可能可以解开一两道解题方法特殊的题目，却很容易在大量的普通题上丢分；另一方面的影响是会丧失信心。怪题和偏题都是不容易解答的，久而久之，自己就会觉得自己所有的题都解答不了，于是就觉得自己没希望了，高考没希望了。因此，对于练习题中的难题不要轻易地放弃，但是也不要在难题上"钻牛角尖"，不要在偏题、怪题上浪费时间。

不管干什么，方法最重要。做题也是如此。只有掌握了正确的解题方法，才能逐步提高自己的解题能力。

（四）首先要从普通解题法入手

解题能力是一个逐步形成的过程，没有哪位同学一下子就能成为解题高手。所以，在日常的做题练习中，要有意识地从普通解题到综合解题、从一题一解到一题多解来不断提升自己的解题能力。

首先，在这里要强调的是，做题时要关注通法，不要把问题想得太复杂了。

浙江省高考文科状元徐语婧同学说："从微观上看，数学的学习就是如何解出每一道数学题。我的经验是关注通法，即关注普通解题法，有余力再掌握一些技巧。由于文科的数学题难度一般都不太大，基础题（即用通法可以顺利解出的题目）占绝大多数。对于文科学生来说，老师上课的时候本身就会比较注重基础，他首先讲的可能就是通法，那么这个时候就必须把老师讲的例题记下来。通法肯定会有一个固定的解题思路，上课的时候就得领会这个解题思路，课后最好再选一些类似的题目做一做，以便熟能生巧。"

为什么要关注通法呢？举个例子，解析几何对于文科学生来说，由于是数型结合的一类题目，一般同学们会觉得比较难，通常放在高考题最后一题或者倒数第二题的位置，算是一个压轴题吧。这类解析几何题的通法就是把两个函数解析式联系起来解，虽然有些时候计算会比较麻烦，但是都能做得出来。这类题估计可能有10分的分值，用通法一般同学都能够做出来，如果过于关注技巧，对有些题目就不适用了。

对此，徐语婧同学说："其实以前我的数学也不是很好。我在总结每次考试的经验时，发现考得不好的时候不是因为那些难题做得不好，而是因为前面基础题错得比较多，导致分数比较低。所以我想应该重视基础一些，于是总结出了这个普通解题法。就高考的试卷来看，它的基础分可能会占到70%～80%。如果你用普通解题法把基础题掌握了，一般取得中等成绩肯定是没问题的。你在掌握基础题的基础上，肯定能够活学活用，能够有所创新，再能拿到一些难题的分数，就能够获得比较理想的成绩了。"

其实解普通的题目也有多种方法，有通法，还有一些带有技巧性的方法。对于文科学生来说，通法更加重要一些，因为它能解答这一类型的所有题目，所以更实用。当然，学有余力的同学还可以研究一些技巧，但不提倡钻得太深，因为这样会浪费时间。事实证明，通法掌握好了，高考一般都能取得优秀甚至是拔尖的成绩。

（五）触类旁通，逐步提高综合解题能力

现在，大多数学校在学完某一章节或某几个章节后，都会有一次随堂考。为什么会有这种做法呢？这是因为在学习过程中，章节考试得高分、综合考试却不行的现象相当普遍。要知道，考试考的就是综合能力，分开了都知道，合在一起就傻眼的情况是无法取得好成绩的。

那么，如何才能提高"综合解题能力"呢？

首先，对单一知识点要非常熟：

就理科而言，某一单一知识点，它的条件，它适用的范围，它会得出的结果，这些结果在什么计算中会用到，心中都要清楚。一位类子生说："做综合题，这些单一知识点就像工具箱里零散的工具，你试解这道题，就是在不断检索哪些工具适用，如果它们分类排放，你可以信手拈来，你的检索速度就会加快；它们每一样都已磨利，综合题就会在组合工具下迎刃而解。相反，如果你调用每一个知识点或公式对你来说都像解一道难题，或者有的工具一下子找不到（在考场上

紧张和常会使你忘掉不熟的公式），你就只能望题兴叹了。"

其次，要善于总结做过的综合题，理清它的思路：

大致的思路可用一句话来概括："问什么想什么，缺什么找什么。"顺序分三种，正推、逆推、两头推，也就是从条件入手，从结论入手，或从条件和所求同时入手。

因此，同学们的习题训练应有一个完整的系统，不仅要求对本学科各学习阶段的习题训练内容能统筹安排，而且应根据教材及知识与能力训练的要求，将不同内容、不同知识层次、不同个性的习题分门别类，有计划地安排在不同的学习阶段进行系统化的训练，以避免因练习内容的选择而造成重复的无效训练。

（六）力求一题多解，找到最佳的解题途径

要想提高自己的做题能力和学习效率，要学会练习一题多解，即用多种方法解答同一道试题，这是理科练习中常用的训练方法。这种方法不仅能更牢固地掌握和运用所学知识，而且通过一题多解，分析比较，能够寻找解题的最佳途径和方法，培养自己的创造性思维能力。适当增加一些一题多解的练习题，对巩固知识，增强解题能力，提高学习成绩大有益处。

因此，我们在每做一道题时，都要认真想一想，这道习题用了哪些概念和原理；解题的基本思路和方法是什么；这道题考查的意图是什么；除了这种解法以外，还有没有别的解法；这些解法中哪一种最简捷、最恰当。

要知道，有不少习题，客观上存在着多种解法，要善于钻研，通过对各种解法的比较，确定一种最佳解法并记下来。这样的做题，从表面上看和别人一样，实际上质量却是很高，做题的遍数也比别人多出好几倍，因为它是从多种解法中优选出来的"最佳方案"。

做题时还要注意选择习题的内容、形式及解题方法的多样性。对于某些重点知识，可利用习题的变式从多个方面进行训练，以强化对重点知识的理解，获得有关的解题技能。在解题过程中经常地进行一题多解的训练，以避免自己形成某

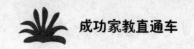

种固定的思维模式，克服学习定式的消极影响。

（七）要克服思维定式

在做题时，要特别注意克服头脑中已形成的"定式思维"的消极影响。有些同学往往拿起题来就先想到和哪道例题或已做过的题相似，然后就机械模仿那道题的解法来解。殊不知，每道题都有其具体条件，这样硬套常常会碰壁或有所失误。

三、重视解题过程

做题时，有的学生只关注结果，只要答案对了就行，其实，在做题的过程中领悟各种解题思路和方法才是终极目的。

（一）时刻关注解题过程

中学生一定要重视做题的过程，特别是做题之后一定要思考，这个思考的过程就是数学思想和数学方法形成的最重要的阶段。

你只有时刻关注做题的过程，不要只关注答案才是真正有效的解题技巧和方法。没有做出来的题目，在思考的过程中，一定要问自己：为什么这个方法比较好，为什么我没有想到这个方法，以后在哪些情况下还可以用到这样的方法。

数学方法更是如此，当你学到一个新方法的时候，最好的办法就是反复运用，比如，求最值的方法有哪些？求角度、长度的常用方法，证明垂直的方法等，这些东西一旦真的成为你自己的方法，数学能力的提高已是必然，数学成绩的飞跃指日可待。

由此可见，虽然做题要的是最后的正确结果，但解题的整个过程也是至关重要的。

（二）不可忽视运算过程

在做题时，有一个令很多同学都感到困惑的问题：明明看起来都会的题，为什么总做不对？其实，原因最终出在做题过程的运算上。

不少学生在做题时，马虎草率，急急忙忙算出结果，然后和同学对答案，对了就算过去了，不对再查找原因。由于在开始做题时，头脑中就想着：做得对还是不对，过一会儿再跟同学对一下答案就知道了。这样，做题时就降低了对自己的要求，长久下去，就形成了一种依赖思想，对自己能不能独立把题做对毫无把握、缺乏信心。

还有一些学生，做题时运算的准确率极高，但这是靠计算器算出来的。用惯了计算器的学生一旦离开计算器，连进行最基本的运算都会感到困难。道理很简单，用计算器只要输入数据，就可以得出结果，中间的运算过程由计算器代替了，学生当然看不见运算过程。如果经常不进行运算实践，那么运算能力就"退化"了。

做题的关键是要保证"规范"、"准确"。要做到这两点就要求学生严格按照各类题的解题要求，仔细演算解题的每一步，得出正确的结果。只有平时做题认真细致，步骤完整，思路正确，表述严密，考试时才能照这种良好的习惯进行。

如果一个学生在做题时，运算过程靠计算器进行，运算结果靠和同学对答案，这样做题时必然离不开计算器，离不开同学。在重大考试时，既不能用计算器，又不能和同学对答案，那时候，谁来替你计算，谁来跟你对答案？

这种依赖计算器和同学而换来的表面上的准确，到重大考试时付出的代价是计算结果的错误。

（三）不可提前看答案

做题时提前看答案有很大的弊端，它会养成人懒惰的毛病，不想动脑，难题来了，直接找答案了事。那么，当我们面对难题时该怎么办呢？下面介绍几种面对难题时的应对方法：

①尽力在大脑中搜索以前是否做过类似的题，哪怕是有一点点类似的题，都应抓住，这也许就是解答此难题的突破口。

②实在答不出来，就索性放在一边，先做别的事，过一段回过头来，也许思路就打开了。

③还想不出来，只好看答案或解题过程的最初一两步。一有启发，就不要往下看了，自己想。

四、总结经验教训

很多中学生不善于总结经验和教训，经常是同样或同类型的题目，这次做错了，下次还错。这就要求中学生学会从错题中总结规律。

（一）及时查找出错的原因

在做题中，一旦发现错误，首先做的第一步就是分析出错的原因。要尽量减少因为马虎而造成的错题，马虎是一种很不好的学习习惯，中学生必须克服。一般的错题都是有一定原因的，比如说由于某个知识点没有掌握牢，或者说某种方法还不会灵活地运用。根据出错的原因，第二步要做的就是找出很多的配套练习题，进行滚动式的反复练习，把所有和它相关的题型多做几道。直到完全掌握这种习题的解题方法，包括它一般的出题方式和答题方法，这个错题就被攻破了。

可见，做错题并不可怕，重要的是你要从错误中找到原因、总结规律。吉林省的优等生孙田宇同学举例说：

"比如，教材介绍过的三余弦定理，书上有一些推导过程，结论就是'一个角的余弦值等于另外两个角余弦值的乘积'。刚开始学的时候觉得这个方法自己已经掌握，但是后来做题还是有失误。因为没有灵活掌握。通过大量做题，我发现在老师出这方面题的时候，提问方式特别有意思，题目经常会问你某一个角的余弦值是多少，我做了很多道题都是这样的。我就总结出一个规律，在综合卷子中，一旦某道题目最后一个问题问的是某一个角的余弦值是多少，我马上就会想到三余弦定理。这样的话，相当于这类题已经在设问的时候提示解题的方法了。"

这样，通过错题分析法能总结出出题规律和答题方法，不仅仅是数学，这在学习别的科目上都很有帮助。

（二）养成做难题笔记与错题笔记的好习惯

学生最害怕的事就是考试时不会做题和做错题。不会做题可能是因为觉得试题陌生或太难而无从下手；做错题是本该做对但因种种原因而做错了。要避免这两种情况，除了巩固书本基础知识外，平时要坚持做难题笔记和错题笔记。如果能养成坚持做难题笔记和错题笔记的习惯，并在做笔记时加以分析，使难题不难，错误不再重犯，这会明显提高考试时答题的正确率。

下面，我们就来看看如何做难题笔记和错题笔记。

①难题笔记

准备一本专用记录本记下平时练习和各次考试时碰到的难题，并在难题旁注上关键难点、解题思路与方法，并列出该题若干种变化形式，举一反三。这是根据碰到难题的先后顺序从纵向做难题笔记。此外，还可以根据难题的性质从横向分别加以归类。学生审题后不能把当前习题归入知识系统中相同或相似类型之中，是造成无法解题的关键。同类型难题归在一起，见多识广，不致在考试解题时对不上号而无所适从，平时从纵向、横向两方面对碰到的所有难题进行分析归类并贮存在脑子里，下次碰到相同或相似的题目就不觉得难了，考试时碰到新难题的可能性也就不大了。

②错题笔记

避免错误重现最好的办法莫过于把错题记下，从中吸取教训。做错题笔记包括三个方面：

首先，记下错题是什么，最好用红笔画出。

其次，分析错误是在哪一环节上发生的，为什么会出现这一错误。

最后，根据错误原因分析提出纠正方法，并提醒自己下次碰到类似情况应注意些什么。

（三）错题索引法很有效

所谓错题索引法就是第一遍做题时在做错的题目的题号上做上醒目的标记，并在页首标明有哪几道题做错。日后复习时就重点关注这些题，掌握了以后就划去，一遍遍复习下来，记号越来越少，当确定一本资料没有尚未落实的错题后，这本资料就可以扔到一边了，这样就不需要老在手边放一个厚厚的错题本了。这种方法既节省了时间，又可以及时清除老题，有助于保持新鲜感和成就感。

第八章

轻松 "考试" 的秘诀

一、放松心情

二、调整心态

三、沉着冷静

四、合理分配时间

五、试卷整洁很重要

六、化被动为主动

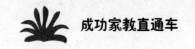

一、放松心情

很多学生在考试前夕，总是紧张急躁，这是由于压力太大的原因。要懂得释放，心理越放松，考试时思路才会越敏捷。

（一）远离考试焦虑症

随着社会的进步、人类的发展，人才对国家的发展越来越重要。而考试是国家选拔人才最重要的方法。

考试焦虑症是因为学习压力过大而造成的，因此首先应该学会合理发泄，调节自己心理状态，缓解学习压力，开放自己心态。听听音乐，去野外散散步，打打沙包，找自己的朋友倾诉等都是很好的发泄方式，只有将心理调节好后才能以正确的心态放松地面对考试，从而发挥出自己最好的水平。

在这一过程中，老师和家长也起到很大的作用，面临巨大的压力，如果不顾一切地给孩子施压，不仅不能提高其学习效果和成绩，反而会导致一系列的心理问题，从而"弄巧成拙"。作为父母，当发现孩子心理压力过大的时候，应当允许、鼓励、引导孩子适当的做一些放松，把自己放到一个平稳的、开阔的心理环境中。

中学生如何调整并远离考试焦虑症？

①认知调控

首先，坚决杜绝用"完了"、"我糟糕透了"等这种消极的语言暗示自己；其次，消除大脑中的错误信息，不要被一两次考试失败和一两科考试失误所吓倒，不要以偏概全，认为自己不行，而丧失信心；最后，适当减轻周围环境的压力，针对种种担忧，自己和自己辩论，用这种理性情绪疗法，纠正认知上的偏差。

②行为矫正

有两种方法：一种是放松训练，一种是系统脱敏训练。放松训练和系统脱敏训练的原理，是交互抑制原理，即人在放松状态下的情绪，与焦虑是相互抵抗的，比如放松状态出现了，必然会抑制焦虑和紧张状态的出现。

（二）拥有一颗平常心

在考试中，有很多同学并不是知识掌握得不全面，也不是复习得不到位，但最后的成绩总是难尽如人意，原因就是考试前没有把心理状态调整到最佳。紧张、恐惧、考前失眠……这些问题成了很多同学考试中的"拦路虎"。因此，要想提高成绩，就一定要注意调整自己，争取用最佳的应考状态来迎接考试。

这就需要你能以一颗平常心对待考试。经过系统复习，大家对自己的学习能力大致有了了解，在考试中只要考出自己的真实水平即可，千万别奢望什么超水平发挥，因为往往越是对自己要求高，越是不容易发挥出自己的真实水平。

那么，怎样才能使自己拥有一颗平常心呢？

在考试前夕，千万别觉得自己复习得不够，要相信凡是复习到的，自己都很好地掌握了，要立足于现在已掌握的知识，灵活运用，巧妙运筹，去对付考试。要知道考试也并非是面面俱到的，它也只是几张试卷，并且出题范围、难易比例都是严格限定的。信心是成功的保障，没有信心，你就失去了对付考试最强大的武器。

更重要的是，对大考前练兵考试的名次不要挂在心上。一定要通过练兵考试找到自己的弱点，并及时拿出解决方案。如果练兵考试一直考得不错，那千万不要洋洋自得，因为很可能你还有弱点未显露出来，如果偶尔一次考得不好，那你应该高兴才是，因为这为你提供了努力的方向。要通过考试总结，找出失利的原因：是因为哪部分知识没掌握好，考试准备得不够充分，还是考试时情绪不稳定。然后，根据自己的不足，找出努力的方法及方向，根除隐患，向成功

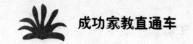

走近一步。

（三）平心静气很关键

不管是中考还是高考，都像一场旷日持久的"战争"，你自己则是这场战争的指挥官。无法想象一个气急败坏的将军能赢得战争的胜利。同样，一个急躁而情绪不稳定的考生也很难取得理想成绩。

也许有人要说，"心平气和"这四个字说起来容易，要真正做到绝不是一件简单的事情。的确如此，面对考试，无论哪个考生都会感受到或大或小的压力。成绩好的想考重点，一般的想考本科，差一点只要能考上大学就行，各有各的目标，各有各的压力。而且父母、老师的殷切期望加在身上（尤其是对于成绩较好的同学）更是一种沉重的压力。压力有一定的好处，在一定限度内压力往往就是动力，能催人奋进。但当压力过大时其负面影响也很明显，即易使人产生慌乱、焦灼不安的情绪，神经绷得太紧常使人无法进行正常的思维和判断。

当然，要做到心平气和，决定性因素还在于中学生自身，应注意以下两点：

①客观地对待考试

凡事不可偏执，走死胡同。"心以澹泊明"，把一切都看淡些，心胸开阔一点，有时甚至不妨有一点宿命论思想。这样才能不骄不躁，心平气和。要知道，能考上好大学的终究只是少数。即使考不上，也不过是大多数失败者中的一个，何必那么想不开呢？第一次没考上，还有第二次、第三次机会。

②理智地对待环境

也许父母和老师加在你身上的压力很大，也许你周围的同学都在废寝忘食地拼命学习，于是你也不由自主地受到感染，有些手忙脚乱起来。这时千万要放理智一点，时刻提醒自己：别人是别人，自己的事要自己把握，绝不可看见有的同学5点起床也跟着5点起床，有的同学晚上12点睡觉也跟着晚上12点睡觉。这一点非常重要。

（四）考前不要轻易打"包票"

考前不要对老师、亲人、朋友轻易许诺"我一定要考××分"。除非你真有百分之百对压力的承受能力。这样的许诺无形中等于给自己套上了枷锁。铿锵的誓言固然可以讨得老师、亲人的一时欢心，但你付出的代价可能是沉重的。

考前轻易许诺对自己的备考心态影响很大。你会经常想：诺言实现不了怎么办？于是乎，失败的阴影悄然而至，患得患失的心情最不利于专心学习。心灵上的沉重负担甚至可能影响你的正常发挥。在考场上碰到一道难题难免就会浮想联翩：落榜了怎么办？怎么向父母交代呢？心理上已被打败的人，很难在现实中不被打败。

但是，不定预期目标，并不意味着不定目标。正确的做法是：以具体的目标取代预期的目标。不去想上什么学校，而是考虑这个月该完成哪些计划，今天晚上该看哪些书。当你的注意力都用在脚踏实地地干好每一件事上时，就没有时间胡思乱想了，心里也就不会有那么大的负担了。

二、调整心态

注意调整，用最佳状态迎接考试。

能否考出好成绩，实力虽然是关键因素。但是。也不要小看状态的影响力。在考前，一定要想办法把自己的心理和身体状态调整到最佳。

（一）考前应该注意的一些事项

①考前不要开夜车

考前不要开夜车是个老生常谈的话题，很多考生越是临近考试，越是睡不着

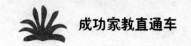

觉。这说明考生对"考试"的注意力太集中了，考前的起居生活应该有规律，因此注意力必须转移。除了传统的"数数"，告诉考生一个"偏方"：眼睛不要闭实，眼球正转10遍，倒转10遍，反复做对刺激睡眠神经有好处。

②别被模拟考试成绩"罩"住

不少学生有这样的经验：每到临考前，总会被模拟考试的成绩"罩"住，就像阴影一样总是摆脱不了。模拟终归是模拟，通过考前测试知道自己哪些是长项，哪些还需要"恶补"，要把每一次模拟考试看成是发现自己缺点、劣势的机会。把目的认清楚，就会感到轻松一些。

③中等生最有可塑性

一些平时学习成绩中等的考生还没有考试就背上心理包袱，总是爱和别人比，比如肯定考不过某某、考不上别人怎么看自己等。这些都是次要的，在中高考面前人人都是平等的，面前的任务只有一个，就是全力以赴地考试，所以中等生最有可塑性，不要背上包袱，了解自己的长处，争取不断地突破。有一种理论认为，一个人成功80%靠"情绪智商"，学会和控制自己的情绪非常重要，通常一个人认知很深刻，情绪也会自我疏导，就能用自信和自我镇定赢得高考。

（二）自我情绪调整的一些方法

①要增强自信心

要获取好成绩，有一个好的心态，一定要有自信心。这如同体育运动员一样，要在比赛中获取好的名次，应该具有良好的竞技状态，以保证自己能够发挥出最好的水平。考生在进入考场之前，多想一些有把握获取好成绩的条件，如"自己已经全面和系统地复习了"，"考试就像平时测验，无非在这里多做几道题而已"，尽量回忆和憧憬一些美好的事情，设法使大脑皮层产生兴奋中心，产生一种积极的情绪。自我放松，缓和紧张的心理状态。

②放松情绪与压力

呼吸松弛训练：当出现不良情绪时，找一个比较安静的地方，站立，眼微闭，全身放松，深呼吸，同时默念"1，2，3"，吸气要深、满，吐气要慢、匀。全身进行放松。另一种方法将全身所有能控制的肌肉从头至脚全部绷紧，然后慢慢吐长气，直至全身全部放松下来。这样可以使血液循环减慢、心神安定下来，全身有一种轻松感。

肌肉松弛训练：坐姿要放松，一旦双手发生颤抖或有紧张情绪，可迅速拉紧所有的肌肉，解除紧张，也可马上做深呼吸，反复两三次，这时全身肌肉必会放松，就可避免生理、心理紧张加剧而引起的恶性循环。

联想放松法：紧张时，想想自己曾经做过成功的事，回想成功时的心理体验，想象美好的最开心的事物和情景，把当时的情景想象得栩栩如生，把自己最快乐的感觉找到，并陶醉在想象情景之中：可以是蓝天白云，自己在云上飘或是想象在一望无垠的海边，海浪轻轻拍打你的感觉。这样会感到非常满足，从而消除紧张。

③扮怪脸法

找一稍偏僻的地方扮怪脸，歪嘴扭唇、抬鼻斜眼，放松面部肌肉。如能面对小镜子看到自己的古怪神态，一定会忍俊不禁地发出笑声，一切牵肠挂肚的念头都消失了。

④转移想象训练

转移也是保持良好心境的一种方式。如涂抹一点清凉油，听听音乐，从事散步、游泳等不剧烈的运动，使心态平衡，头脑清醒，紧张缓解。

⑤积极暗示法

要善于利用自我暗示语的强化作用。如可以暗示自己"今天精神很好"，"考出好成绩是有把握的"等。自我暗示语要简短、具体和肯定，要默默或小声对自己说（不让他人听见，不影响他人答题），这样可以通过听觉说话运动等渠道，反馈给大脑皮层的相应区域，形成一个多渠道强化的兴奋中心，能够有效抑制怯场。心里想，我一定能成功，一定能发挥超常，考出好成绩。我考不好，别人也不怎么样。这样反而会降低压力，保持平常心。

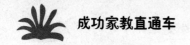

⑥情景模拟训练

中学生参加模拟考试时，或在平时考试过程中，有意识地进行练习和放松训练，从而保证高考时有良好的心态。

（三）快速消除身体疲劳的有效方法

考试前夕，身体疲劳在考生中非常普遍，它是导致生理疾病的重要原因。因此，为了保持考生身体健康，尽快恢复疲劳是维护考生身心状态平衡的重要因素。

和心理疲劳一样，身体疲劳就是人体细胞不能及时补充氧能量而导致细胞加工厂缺乏动力，不能高效率、高质量地生产出维持生命机体的养分。机体养分缺乏，代谢减慢，则会出现腰酸背痛、头晕倦怠等疲劳现象。

考生紧张的生活节奏，机体所需养分增加，从而增加机体细胞的负担。因此，他们比一般人更容易产生疲劳感。如果不能及时恢复，会诱发疾病，从而出现学习效率降低、心理压力过重等种种破坏身心状态平衡的症状。

消除身体疲劳的方法有：

①安静休息法——睡眠。高质量的深沉睡眠有利于疲劳的迅速消除。

②活动休息法——运动。运动时愉快的心情也对消除大脑和身体疲劳、恢复大脑的工作效率起着良好的作用。

③心理调节：积极向上，乐观愉快的情绪能加速消除疲劳。

④深呼吸：供氧充足，细胞含氧量增加，疲劳细胞会很快恢复。

以上多种方法相结合，在心理及生理上处于最佳状态，定可帮助考生摆脱"神衰"的困扰。

（四）考前及时调解生物钟

在考试前，不少考生已逐渐进入临战状态。为争取时间，有的考生拼命熬夜，以致形成习惯，第二天一上课就开始犯困；还有的考生一直有夜间用功学习的习惯，夜越深其精力越好，可中高考毕竟在白天举行，考生应让自己的兴奋时间与考试时间吻合。因此，应尽量保持良好的作息习惯，已经是"夜猫子"的同学应尽快开始调整生物钟以适应考试。

考生可以根据中高考的科目来安排复习、调整生物钟。

据介绍，学生在某时间段内最适合学什么是有规律可循的。考生可以参考下面这个时间表对自己的生物钟进行适当调整。

6时至8时：头脑最清醒，体力也很充沛，是学习的"黄金"时段，可安排较难掌握的学习内容。

8时至9时：此时人的耐力处于最佳状态，可安排难度大的攻坚内容。

9时至11时：此时短期记忆效果很奇妙，进行突击记忆，学习可事半功倍。

13时至14时：可午休。午饭后人易疲劳，春夏尤其如此。休息调整一下，可养精蓄锐，下午学习的效率会更高。不过，午休时间不宜过长，半小时左右即可，不宜超过1小时。

15时至16时：休息调整后精神状态较好，此时长期记忆效果特棒，可合理安排那些需"永久记忆"的东西。

17时至18时：是进行复杂计算和有难度作业的好时间。

晚饭后：应根据各人情况妥善安排，语、数、外等科目交叉安排，也可难易交替安排，以防在一科上花费过多时间，而产生疲劳且效率不高的问题。

每个人都有自身特点，如何做到遵循规律，更高效地复习，就要求考生首先要了解自己，对自己的生物钟进行合理调解。

（五）远离考前综合征

每个考生都期望能从容不迫地跨进考场，并在考试时沉着冷静，充分发挥自己的最高水平。然而，遗憾的是有不少人每逢重大考期临近时，就陷入极度的紧张和焦虑不安的状况。严重者会出现头昏脑胀，吃不下、睡不着等症状，这种情况在医学上称为"竞技综合征"，亦称"考前综合征"，这是一种适应障碍的表现。

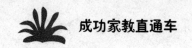

那么，怎样才能摆脱这种心理状态，以饱满的情绪和充分的信心去面对即将来临的考试呢？

"考前综合征"的产生主要与以下三个因素有关：一是个体的心理素质和心理承受能力；二是来自考试和其他相关的外界压力；三是自己对考试的信心和认识。当然，提高心理素质、心理承受能力非一朝一夕之事，但针对后两个因素采取应对措施还是行之有效的。如正确认识和对待升学考试，在心理上要允许自己失败，在行动上则根据自己的学习情况和身体情况，制订复习计划，按部就班地进行复习，做好充分的考前准备；再就是要相信自己的实力，既不刚愎自用也不妄自菲薄，这样你就能坦然面对考试。

例如，考前一周内不要把复习安排得过于紧张，要保证充分的睡眠；考试的当天不宜去得太早，也不宜匆匆"赶考"而引起心跳过快，以慢步行走提前 15 分钟到考场为好。此时更不要向同学提问或讨论问题，以免因某一点不懂而产生连锁反应，影响你的信心和情绪，从而影响临场发挥。

三、沉着冷静

在考场上，最关键的就是要细心冷静，强调的是一个"稳"字。有的同学审题不仔细，没看清题目就开始做，结果答非所问；有的同学书写不规范，不注意答题格式，最后无谓丢分；还有的同学看到容易的题目就大喜过望，结果导致乐极生悲……

（一）不要太在意分数

有一篇谈对待工作与报酬的态度的文章。作者将人划为两类：第一类，工作第一，报酬第二；第二类则恰好相反。作者说，这是区别一个人的根本差别，而一个有知识或有胆识的人实在不可能把金钱作为他孜孜以求的主要目标。套用他的分法，学生们同样面临追求高分和汲取知识孰轻孰重的权衡和选择。两者并非一定有矛盾，正如一个人完全有可能既热爱自己的工作又享受丰厚的报酬。然而对此问题我们仍需有一个明确的态度，因为我们时不时需要在细小的问题上做出选择。

分数当然很重要。虽然当下不少高校正开始尝试不拘一格选拔人才，然而对于大多数高中生，决定他们四年大学生涯将在哪里度过的仍只是一次考试的分数。高中每一次小测验的分数都被不少人热切地关注；不少人为提高一分两分，而抱着能在考试中碰到原题的侥幸心理整本整本地做各类模拟卷；不少人为全力应付考试而放弃了坚持多年的兴趣爱好；不少人为迎合改卷老师的胃口而放弃自己的思考和风格，或听凭自己的思维被参考书的标准答案同化。有人认为，进入不同的大学就好像进入了不同的煅轧工厂，决定着你最终会成为怎样的人。于是也就有了决定命运的关键的一两分之说，等等。

一所好的高校至多能提供一个好的环境，学习和成长的任务则全在你自己。北大有很好的老师，但只靠听课是难以学好的。老师们并不找上门来给你辅导，只有善于思考和提问的同学才有更多与老师交流向老师学习、提高自己的机会。北大有丰富多彩的讲座，但如果你没有好的学习基础和高的学习效率，你只会被沉重的课业压得疲惫不堪，在应付作业和考试中疲于奔命，根本就没有时间开阔视野。总的说来，名校为一个人的成长与成才提供了最为优越的条件，然而只有那些有智慧、有胆识、有思想、有个性的学生才能充分利用它。不要以为为了达到名校的胜利彼岸，我们就可以从生命之舟上暂且扔出独立的思想、鲜明的个性和广泛的兴趣，上岸之后再将它们从水里捞起来，你可能会失望地发现，有些东西在海水的作用下早已起了微妙的变化，有些感觉则一去不返了。

因此，分数固然重要，但不要将其重要性摆在你人格的清纯、思想的独立、身心的健康，以及对真正的知识的汲取之上。不要为了多做重复的练习而牺牲自己独立思考、提问和探讨的时间；不要因为考试在即而打乱一个应当长期坚持的、循序渐进的学习计划。顺便说说，一味追求高分的人往往得不到高分。有很多优秀的同学，他们中有酷爱数学的，课间不是捧着本谈拓扑学的英文教材，就是拿粉笔在黑板上画着非欧模型；也有兴趣广泛发展全面的，斜对面寝室的省状元就除排球外无球不打，国际大事无不关心，摄影技术叫人叹为观止，文艺会演上的一曲独唱赢得满堂喝彩。没人知道他们是怎样提高自己高考或是竞赛的分数的，但是在北大里不会有成天捧着模拟卷琢磨老师会出怎样考题的学生。

三年的时光是生命中极为厚重的一部分，好好珍惜，认真思考一下怎样利用它丰富和完善自我，不要将它浪费在无谓的斤斤计较上。高中时代是人的一生中最为敏感和热情的时期。对社会公正的关注，对哲学话题的思考，对彼岸关怀的向往是青少年的本能，甚至是某种心理需要。不要让对考试和排名的担心挤占了你心灵中本该划给思考的空间。

（二）先审好题目，再答题

审题是答题的关键，我们必须仔细认真地审好题目。但是，偏偏有很多学生急于动笔，还没有弄清楚题意就急于答题，答了一部分，看看不对劲，回过头来重新看题目，才知道自己离题了，结果不但浪费时间，还把卷面涂得一团糟。更有甚者，在考场上完全不知自己答错了，造成下笔千言，离题万里，直到下场对答案，才知道自己看错题了，后悔莫及。

因此，做题时不要急躁，审题是关键。一定要认真读题目的每一个字，弄清出题人的真正意向，千万不要想当然，没读完就开始做。每题最好认真看清已知条件，即使时间再紧张，看清题目也是至关重要的，否则必会造成不应有的失误。例如"不"字的存在与否使答案有可能完全相反。殊不知，有多少做题高手就是在审题这一步上跌得头破血流，甚至遗憾终生。

那么，如何避免审错题呢？这里有 8 个字可供参考，即"慢看轻读，客观思维"——只是看容易出错，读出来就不容易出错了，当然，最好是不出声的默读；

遇到自己做过或似曾相识的题，切莫麻痹大意，不能草草地看完题目之后就想当然地"依葫芦画瓢"，而应"咬文嚼字"，推敲题意，具体问题具体分析。

对于比较复杂的题目，应仔细看几遍，弄清题意再做题。第一，弄清楚已知条件是什么，要求是什么，将条件和结论区分清楚，这是运用知识解决问题的开端，是极其重要的一步。对题目中一些关键性的字、词、句，应仔细分析，多方面琢磨推敲，切不可不弄清楚题意就匆忙答题。第二，当一时弄不明白，无法作答的时候，要回头想想题目中所给的已知条件是不是有忽略的，隐含条件是不是没有挖掘出来，条件和结论有哪些本质联系。第三，找出题目中条件之间的联系并确定解题途径。对两道类似的题目，还可采取比较的方法，比较它们的相同点和不同点，以提高自己的审题能力。

（三）规范答题不容易丢分

有的同学考试时题题都会做，离开考场后"自我感觉良好"，但考试成绩却得不到高分。究其原因，是由于字迹潦草，书写草率，不懂答题规范，因而被扣掉不少分。这种丢分可以说是最冤枉的了。

在这个问题上，哈尔滨市中考状元张鸣一同学深有感触。语文学科是他的弱项，他在参加中考前写字有些潦草，但他最终还是克服了这一弱点，语文取得了113.3分的好成绩。他提醒考生，在答语文试卷时，应该认真工整地书写每一个字，不要在书写方面丢分。

在张鸣一同学看来，答卷写字不一定要很好，但力求清楚，让评卷人易读易认，不至于误解你的意思。卷面整齐、清洁、格式正确，给人美的感受，评卷者从中获得良好的"第一印象"，在可给分可不给分时给你分，可扣分可不扣分时不扣你的分，你将获益匪浅。

另外，每次考试，评分标准的制定都是很严密的，怎样答可得分，怎样答不给分都有严格的规定。在考试前，通过你的老师，了解各科的评分标准、答题规范，并经过一定的训练，使自己的答题符合规范，这也是获得高分的一个策略。

如解理科的应用题，一般是按方程给分，能列出解题的方程即可得大部分分数。当你时间不够时，只要把解题的方程列出，不解出结果也可得到大部分分数。

又如在理科的解题过程中，评分标准有一条规定：因上步错误而影响下步结果错误的，不重复扣分。当你无法解得第一步的结果时，只要把下一步解题的全过程写出（解法不能错），也会得到下一步的分数。

（四）要注重一些细节问题

在考场上，时间虽然很重要，但一定不能忽视细节，尤其是一些答题的注意事项，否则只能是白白丢分。有一位优等生就曾经说过："平时的模拟考试中，我常犯的毛病就是不拘小节，什么标点、单位、数学符号经常丢三落四，闹过不少小笑话。引桥上，出点小错误，也许算不了什么；但在千军万马的主桥上，若被这些小节挤下桥去，岂不冤枉了些？另外，如今的机读卡填划任务，对谨慎细心的要求程度，无疑又增加了一层。"

在考场上，中学生尤其要注意一些看似不起眼的答题注意事项，有很多考生就是栽在了这些问题上。

①字迹不能太"书法"。考生在答题时，字迹要工整、清楚，不要写得太细长，字距要适当，行距不宜过密。

②绘图不能单用铅笔。作图题可先用铅笔绘出，确认后再用 0.5 毫米黑色墨水签字笔描清楚。

③禁用涂改液或胶带。考生如果写了错字，千万不要用涂改液或胶带，直接在答题卡上用横线划掉就可以，因为使用涂改液或胶带很可能造成答题卡通过扫描机时卡机。

④答题卡页眉和四角处不能折。答题卡如果四角处折皱或是损坏，可能造成答题卡通过扫描机时卡机。

⑤答题千万不能出黑框。因为扫描机在扫描试卷时，只会读取黑框内的内容，如果字迹写出黑框，机器扫描不出，使阅卷教师无法阅读得到。

（五）不要掉进"容易"的陷阱里

很多时候，人们面对很简单、很容易的问题时，往往犯一些"显而易见"的错误。同样地，如果在考试中，发现该试卷的难易程度很适合自己的知识水平，或者遇到自己觉得非常简单的题目时，切忌因过度兴奋而"乐"中出错。有些考生拿到试卷一看，感到"容易"得很。于是，不假思索，提笔疾书，答完后也不细心检查，争着第一个交卷。结果，答非所问，张冠李戴，因严重失误而失分。很多时候，自己容易的题目到了别人手里也很可能同样简单。如果自己因为得意洋洋而粗心大意，频频出现失误失分的情况，那形势就会逆转，反而对你不利。因此，对付这样的考题，考生应该细心加认真，一定要"在战术上重视敌人"。

在考场上，每位考生都希望在拿到试卷的时候，看到自己熟悉的题型和内容。但是，这种"哦，我见过这个题目"的惊喜心理却容易放松自己的戒备，"贸然断定"，陷入圈套。而且，有一种现象，就是练习题做得越多，这种倾向就越大，眼熟的概率越高，导致的错误就越多。

面对这类题目，更需要用自己的"火眼金睛"仔细审查这些题目，不能简单轻率地将准备好的或练习做过的方法照搬照写。因为，很多时候，题目只是表面相似，出题者很可能会应考生的这一心理，在文字上下功夫，重新规定答题要求，一字之差，解答可能就不一样。

四、合理分配时间

考场上的时间，一分一秒都很宝贵，因此要合理安排答题时间，控制好答题的节奏，避免浪费时间。

（一）要合理分配答题时间

科学合理地分配考试答题时间，是临场发挥出色的重要因素。在试卷发下来之后，应该保持不急不躁的心态，沉着冷静地把全部试题浏览一遍，在浏览和确定好做题顺序之后，我们就要考虑怎样安排自己的时间才能完成自己的预定目标，不至于让自己在某一试题上花费大量的宝贵时间，而耽误其他试题的解答工作。在分配答题时间时，我们要通盘考虑试卷的题目类型、数量、难度值等客观因素，并根据这些因素来确定答题时间。

分配答题时间应该注意以下几点：

分配答题时间的基本原则是：易题和少分题少花时间，难题和多分题多花时间，使自己在该得分的试题上有充足的时间解答。

心中应该有"分数比"的概念，花 10 分钟的时间去解答一道 10 分值的题目比用 10 分钟去攻克一道 3 分值的选择题要有价值得多。

时间的安排只是大致的整体调度，我们只能大概地计划每一道试题的大概时间与整体时间，没有必要把时间精确到每 1 小题或每 1 秒钟。

在答题过程中，要注意自己原先的时间安排。如果那道题本来的计划是 5 分钟，但是过了 5 分钟你还是没有头绪，就要先跳过此题，看下面的题目，以免因此占用其他题目的时间；但是如果已经接近成功，时间就要适当延长，因为如果跳过，就要错失解题机会。

在分配时间的时候，最好留有 5 ～ 15 分钟的时间作为检查时间，如果题量很大，对自己的做题又比较有把握的时候，检查时间可以适当缩短。这样的检查时间是必要的，不让自己因错、忘、漏而造成失分，影响成绩。

考试中的时间安排，其实反映的是考生的经验问题。为了达到在考场上得心应手地合理分配时间，在平时的练习、考试中要思考一些事情的处理方法和解答各类题型的最佳方案，在进行一些有针对性的训练和模拟测试的基础上积累经验。

（二）充分利用检查的时间

由于考试时间有限，很多学生在考试的时候都是争分夺秒的。速度快容易导致一个现象，就是做题时审题不仔细，弄错题意，以致失分。这样的失分，实在令人痛心。还有的时候，出题者知道考生粗心大意的毛病，故意在问题上做文章，布下陷阱。考生稍不留心，就会轻易失分。要避免上述情况的发生，除了认真审题之外，全面检查也是一个消除隐患的好办法。

在考试中，主动安排时间自查答卷是保证考试成功的一个重要环节，它是防漏补遗、去伪存真的过程，尤其是如果你采用了灵活的答题顺序，更应该与最后检查结合起来，因为你跳跃式往返答题过程中很可能遗漏题，通过检查可弥补这种答题策略的漏洞。

因此，答完试卷后，可以稍作停顿，使自己冷静下来，要意识到答完试题只是基本完成答题，并非表明考试告以结束。特别是自己觉得试题简单时，切不可掉以轻心，必须仔细检查，不要做好题目就交卷走人。在意义重大的考试中尤其不应该提前交卷，有时间，应该充分利用，仔细检查，以便查漏补缺。

不过一般来说，考试时试题做完后留给考生检查的时间是不多的。那些能够有大量时间进行全面复查的考生毕竟是少数。为了使这少量的时间能发挥作用，检查时可采用以下几种步骤：

①检查自己在答题过程中一时拿不准，用铅笔打了标记的（注意，无论如何要先写下一个答案）。

②检查运算量较大的题目。为了便于检查，草稿纸要做到题与题分开，有序排列；试卷上的步骤用①②……序号标识。

③检查理科试题数据的单位以及正负号，做题时由于偏重数值很可能遗漏，但只要从整体上一看就能得出答案。再者谁也不能保证自己做一遍的题就一定是正确的，检查的时候，要尽量不漏掉每一道题目，因为很多时候你觉得非常有把握的题偏偏就容易出错，这是由于你太轻心了，这种错误最让人后悔。

④检查题目的时候要特别注意计算过程琐碎却不复杂困难的选择填空题，

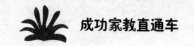

注意符号和单位，千万不要搞错，再看一看答题卡有没有漏填的，一定要补充完整。

（三）不要走进"难题"的死胡同

在考场上，遇到难题时要懂得变换思路，不轻言放弃，但如果确实啃不动的话，该放手时就放手。某道题目的一个进攻方向或方法不行，要勇于马上变换思路，此路不通还有彼路，"条条大路通罗马"，一条路上耗死的傻事万不能做。必要时，甚至屡攻不克的碉堡也可绕过去，否则与自己的克星一起相持，而白白放过了后面的小case，岂不冤枉？（试题先难后易的"顺序圈套"屡见不鲜）

需要注意的是，跳过难题要分清情况。如果确实是自己以前从未遇到过的题型，而且很难分析出来，那么可以考虑跳过去；如果是由于一时紧张，觉得题很难做，那么这时不应急于跳到下一题，而应静下心来，冷静分析一下，或许就会豁然开朗。而且，连续跳过的题在一张试卷中一般不应该超过三道，尤其是大题，那样会使心情特别紧张，会做的题反而也做不出来了。

五、试卷整洁很重要

在考试中，不怕不会，就怕会了但做不对。为什么会出现这种情况呢？最主要的问题就是出在应试技巧上。

（一）相信自己的第一感觉

考试的时候，很多考生都会遇到这样的情况：面对一个题目，心中已经有答案，可在下笔之前，突然转念一想，又冒出另一个想法，于是两个答案在脑海里翻来覆去地搅和，实在是不知道哪一个答案是正确的。这时，该怎么办呢?

如果在考场中为二选一而苦恼的时候，你可以写下进入脑海的第一个答案。一般而言，最先想起的才是正确的答案。这就好比我们做一件事情，要想起它的时候，它就自然而然地顺着平时做事的习惯跑出来了。有时候，这种感觉是说不清道不明的，需要它的时候，它总是一下子浮现脑海，帮你解决难题。紧接着想起的另一个答案，牵强附会的可能性相对比较大一些。当然，习惯性思维的前提是，平时反复练习，牢记正确的知识。如果脑海里习惯性的东西都有问题，那么你的惯性溜出来的东西怎么会正确呢?

还有一点应该注意的是，自己看了第一眼以后，觉得有一道题目错了，先不要急于把它涂掉，仔细审核之后再付诸行动。免得改错，再改回来既浪费了时间又搞脏了试卷，容易给判卷者留下不好的印象。

(二)怎样提高答题的准确率

在考场上，要正确处理"准确"与"快速"二者之间的关系。不少考生一看到试卷，脑海中第一个念头便是"抓紧时间把它做完"。的确，考试一般难度较大、题目较多，而时间是限定的，要做完考题就要有一定的速度。于是，这类考生往往有一种"拼命往前赶"的"快速"意识。结果题是做完了，但考试成绩却并不高。究其原因，这种出于"做完"欲望而片面追求"快速"的做法，容易使简单但需细心的题出错。须知，只有"准确"才是考试得分的唯一条件。评卷者是以答题的正确程度给分的。因此，"快速"必须建立在"准确"的基础上。

要提高答题的准确性，应注意以下两点:

①答案要想清楚才能写清楚

无论考哪科，都要将答案要点列在草稿纸上，便于理清自己的答题思路。例如论述题，要把观点与材料提纲挈领列出，斟酌一下:观点是否正确完整，所使用的材料是否真实确切，观点与材料是否统一。确认准确无误后再下笔作答，思路就不会摇摆甚至紊乱，文字表达也显得流畅。

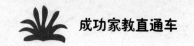

②运用"步步为营"的检查方法，及时确认答案

有的考生采用"赶紧答完全卷试题再检查"的方式，但有可能题目未答完时间已到，或者所剩时间很少而匆匆检查，弄不好把做对了的题反而改错；再说，做完后检查，修改时必然影响卷面整洁。"步步为营"即每完成一步就马上检查，力争"一次到位"，把可能出现的错漏限制在小范围内，并及时发现和纠正。

（三）巧妙利用草稿纸

一张草稿纸上记载了我们重要的思维痕迹。如果我们在记载这些痕迹中有序，将有助于我们保持一个有序的思维。

因此草稿纸上一定要有合适的规划，不要在一大张纸上胡写乱画，东写一些，西写一些，而是要在平时就养成习惯，打草稿也要像解题一样，一道一道地挨着往下写，每一题的草稿都写在一块，而且要思路清晰。前面按题号标上"一""二""三"或"1""2""3"或"（1）""（2）""（3）"等，这样在检查时一下子就能找到它们。

六、化被动为主动

在考试时，难免会遇到种种意外情况，这时一定不要慌张，先冷静下来，理智思考正确的应对方法。

（一）记忆突然堵塞怎么办

在常见的考场病中，最可怕的就是突然记忆堵塞了。很多同学几乎都能够回忆起自己在以往考试中曾经发生过的记忆堵塞（起码有过一次这样的经历）。尽管表面上看来它是一种常见的考场病，但是，它肯定不受考生欢迎。谁希望在考试中正想解答某道题时，还未动笔，那即将呼之欲出的灵感和记忆却突然消失了呢？

面对这种情况，怎样应对呢？如果你在考试过程中发生了记忆堵塞现象，不妨尝试下面几种方法：

①保持镇静

记忆堵塞在非常紧张的环境里似乎更严重，更容易发生。这时，你要保持镇静，并注意调节自己的呼吸频率。先慢吸气，当对自己说"放松"时缓缓呼气，在你完成缓慢呼吸时，再考虑你正在努力回忆的问题，如果仍不能回想起来，就暂时搁下这道题，开始做别的题，过段时间再回过头来做这道题。

②联想

克服记忆堵塞的另一个办法是联想。你不妨回忆老师在讲课时的情景或自己的复习笔记，并努力回忆与发生记忆堵塞问题有关的论据和概念，把回忆起的内容迅速记下来，然后，看你能否从中挑出一些有用的材料或线索。如果你费尽心思，结果仍没能从中找出任何联系，那么，你就要试着把自己想象成出考试题的主考人，在自己的大脑中"看"（即想象）试题和答案；交替地，再把自己想象成班里最聪明的学生，并把你自己的手看做是这位聪明学生的手，即使仅仅写出几个似乎与答题没多大关系的字，你也要仔细分析并捕捉其中是否能为你正在发生记忆堵塞的问题提供一些线索或启发。

③利用其他试题

这也是克服记忆堵塞的一个好办法。在标准化考试中，可能会要求考生做大量试题，后面的试题也许会给你提供某些线索，你可不要轻易放过有心的搜索。当然，需要提醒的是，你在头脑中要始终记住发生记忆堵塞的试题，如果在后面恰巧遇到了一个与之相关或有些联系的，就要仔细看其中是否有哪些东西能够给你提供线索或启发。

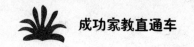
（二）遇到陌生题目千万别泄气

遇到不曾相见，或根本没有复习到的题目，千万不能泄气，或心头凉了半截，人都快晕了。这时，一定要镇定不乱，坚信完全超出教材和大纲内容之外的试题是不会出现的，自己已经掌握的知识是完全有可能做出这道题目的。一般的试题绝不可能出现"从来未见，从来未闻"的情况。虽然未曾看过，但类似的问题你应该曾经看过，跟那个问题有关的基本主题，必定也曾出现在课本上。所以，在面对某道自己从来没见过的题型时，首先心情要放平静。有些题目是为了选拔出那些最出色的学生的，并非所有同学都能做出所有题目，难题做不出是很正常的。同时应该想到，高考中你的竞争对手——同你水平接近的人，你不会做的题，他也一样做不出来。

同时，要冷静地想一想："这道题跟课本上学过的哪部分有关系？"如果一时难以回忆，可以根据课本的目录，逐条回忆，然后想一想这一部分的知识体系及有关的解题思路和方法。这样有助于理清自己的头绪，从中找到解题的办法。

（三）时间不够要镇静

在考场上，时间不多了，却发现已经来不及把所有题都做完，这时应如何应对？毕竟，考场上发现时间来不及了，考生无一例外会紧张："不好了！时间来不及了。"但紧张的程度有大小，如果考生在考前就做好考场上可能会发生任何意想不到的事情的心理准备，紧张的程度会小一些；调节紧张的心理状况所用的时间也会少一些。在考场上发现时间不够用，紧张是正常的。但考生不能因为紧张就不知所措，考生第一需要做的是调整紧张心态，消除紧张情绪。

如果你在考场上遇到题目还没答完，但时间已经不够了的情况，可以这样安慰自己："我已经做了这么多了，剩下的毕竟是少数，我做得慢，自然准确率就高。""我来不及，别人也会是这样。"

调整好自己的情绪后，想想答题卡有没有填好。如果没有填，先填答题卡，并耐心检查一遍。再整体看一看还有几道题目没有做，它们的难易程度如何，各题的分值是多少，如果做，需要多长时间。接着根据所剩的时间来安排，正常情况是先做容易的、花时间少的题目，如果题目的分值比较高，又是自己能做的，那要首先考虑将它做出来。发现时间来不及时，往往还剩一两道甚至两三道大题目，这时最忌讳的是按顺序在一道题目上花大量的时间去思考，这样常常是这一道没有做出来，而容易的题目连看都没来得及看，以致吃了大亏。

因此，采取的最佳做法应该是，将自己一下子就能做出来的试题都做一做，这样花时间少，而且改卷子时是按步给分，你会在很短的时间内，得比较多的分。如果做完这些还有时间，再依次做相对容易的题目。倘若剩下的是一时半会儿也做不出的题目，就要学会放弃，将剩下的时间用来检查，将更有利于得分。

（四）给试卷画上一个完美的句号

考试时，有些同学做题由于拿不准，往往留一个尾巴，或者不写出答案，或者选择题不涂卡，希望全部做完再回来重做，结果一旦时间不允许，就白白丧失了得分。所以，最好采用"做一道是一道"的方法，即做一道题一定要做完，选择题更要涂卡。

如解理科的应用题，一般是按方程给分，能列出解题的方程即可得大部分分数。当你时间不够时，只要把解题的方程列出，不解出结果也可得到大部分分数。

又如在理科的解题过程中，评分标准有一条规定：因上步错误而影响下步结果错误的，不重复扣分。当你无法解得第一步的结果时，只要把下一步解题的全过程写出（解法不能错），也会得到下一步的分数。

（四）要注重一些细节问题

在考场上，时间虽然很重要，但一定不能忽视细节，尤其是一些答题的注意事项，否则只能是白白丢分。有一位优等生就曾经说过："平时的模拟考试中，我常犯的毛病就是不拘小节，什么标点、单位、数学符号经常丢三落四，闹过不少小笑话。引桥上，出点小错误，也许算不了什么；但在千军万马的主桥上，若被这些小节挤下桥去，岂不冤枉了些？另外，如今的机读卡填划任务，对谨慎细心的要求程度，无疑又增加了一层。"

在考场上，中学生尤其要注意一些看似不起眼的答题注意事项，有很多考生就是栽在了这些问题上。

①字迹不能太"书法"。考生在答题时，字迹要工整、清楚，不要写得太细长，字距要适当，行距不宜过密。

②绘图不能单用铅笔。作图题可先用铅笔绘出，确认后再用 0.5 毫米黑色墨水签字笔描清楚。

③禁用涂改液或胶带。考生如果写了错字，千万不要用涂改液或胶带，直接在答题卡上用横线划掉就可以，因为使用涂改液或胶带很可能造成答题卡通过扫描机时卡机。

④答题卡页眉和四角处不能折。答题卡如果四角处折皱或是损坏，可能造成答题卡通过扫描机时卡机。

⑤答题千万不能出黑框。因为扫描机在扫描试卷时，只会读取黑框内的内容，如果字迹写出黑框，机器扫描不出，使阅卷教师无法阅读得到。

遇到自己做过或似曾相识的题，切莫麻痹大意，不能草草地看完题目之后就想当然地"依葫芦画瓢"，而应"咬文嚼字"，推敲题意，具体问题具体分析。

对于比较复杂的题目，应仔细看几遍，弄清题意再做题。第一，弄清楚已知条件是什么，要求是什么，将条件和结论区分清楚，这是运用知识解决问题的开端，是极其重要的一步。对题目中一些关键性的字、词、句，应仔细分析，多方面琢磨推敲，切不可不弄清楚题意就匆忙答题。第二，当一时弄不明白，无法作答的时候，要回头想想题目中所给的已知条件是不是有忽略的，隐含条件是不是没有挖掘出来，条件和结论有哪些本质联系。第三，找出题目中条件之间的联系并确定解题途径。对两道类似的题目，还可采取比较的方法，比较它们的相同点和不同点，以提高自己的审题能力。

（三）规范答题不容易丢分

有的同学考试时题题都会做，离开考场后"自我感觉良好"，但考试成绩却得不到高分。究其原因，是由于字迹潦草，书写草率，不懂答题规范，因而被扣掉不少分。这种丢分可以说是最冤枉的了。

在这个问题上，哈尔滨市中考状元张鸣一同学深有感触。语文学科是他的弱项，他在参加中考前写字有些潦草，但他最终还是克服了这一弱点，语文取得了113.3分的好成绩。他提醒考生，在答语文试卷时，应该认真工整地书写每一个字，不要在书写方面丢分。

在张鸣一同学看来，答卷写字不一定要很好，但力求清楚，让评卷人易读易认，不至于误解你的意思。卷面整齐、清洁、格式正确，给人美的感受，评卷者从中获得良好的"第一印象"，在可给分可不给分时给你分，可扣分可不扣分时不扣你的分，你将获益匪浅。

另外，每次考试，评分标准的制定都是很严密的，怎样答可得分，怎样答不给分都有严格的规定。在考试前，通过你的老师，了解各科的评分标准、答题规范，并经过一定的训练，使自己的答题符合规范，这也是获得高分的一个策略。